Jürgen Weber

GELEBTE WAHRHEITEN
Von der Napola bis in die Gegenwart

Erinnerungen eines Arztes in zwei Gesellschaftssystemen

novum pro

Dieses Buch ist auch als
e-book
erhältlich.

www.novumverlag.com

Bibliografische Information
der Deutschen Nationalbibliothek:

Die Deutsche Nationalbibliothek
verzeichnet diese Publikation in
der Deutschen Nationalbibliografie.
Detaillierte bibliografische Daten
sind im Internet über
http://www.d-nb.de abrufbar.

Gedruckt in der Europäischen Union
auf umweltfreundlichem, chlor- und
säurefrei gebleichtem Papier.

© 2022 novum Verlag

ISBN 978-3-99131-354-0
Lektorat: Mag. Angelika Mählich
Umschlagfotos: Jürgen Weber;
9dreamstudio | Dreamstime.com
Umschlaggestaltung, Layout & Satz:
novum Verlag
Innenabbildungen: Jürgen Weber

Die vom Autor zur Verfügung gestellten Abbildungen wurden in der
bestmöglichen Qualität gedruckt.

www.novumverlag.com

Climate neutral
Print product
ClimatePartner.com/16547-2201-1002

*Die nachfolgenden Seiten sind
meinen geliebten Kindern Grit, Ines und Dirk
und meiner geliebten Frau Ursula
in großer Dankbarkeit für ihr großes Verständnis
und ihr Einfühlungsvermögen
in meine besonderen Lebensinhalte gewidmet.*

Ich bin Arzt durch Zufall geworden, aber ich habe meinen ärztlichen Beruf mit großer Leidenschaft und absolutem Vertrauen gegenüber meinen Patienten ausgeübt. Ich habe am Bett von schwerkranken Krebspatienten gestanden und versucht, ihnen die letzten Stunden ihres Lebens erträglich zu gestalten, ich kenne die Ängste und Sorgen der Patienten vor dem Entschluss zu einer medizinisch notwendigen Operation und ich habe später die Wünsche von Patienten erlebt, die sich dem Wahn der „Schönheitschirurgie" untergeordnet haben und immer davon ausgingen, dass solche Operationen hundert Prozent glücklicher machen. In über fünfzig Jahren eigenverantwortlicher operativer Tätigkeit in der Lungen- und später in der Thoraxchirurgie und dann in über zwanzig Jahren in der rein ästhetischen Chirurgie konnte ich die Kompliziertheit von Patienten kennenlernen, die sich zunehmend über das Internet informieren und den Darstellungen des Fernsehens unterordnen. Ich musste auch zur Kenntnis nehmen, dass Ärzte den Patienten von Behandlungen abraten, zu denen sie selber keine Kompetenz besitzen. Dass Anwälte Patienten unterstützen, medizinische Arzt-Patient-Fragen in eine juristische Definition zu überführen, die nichts mehr mit dem ureigensten Arzt-Patient-Verhältnis zu tun haben, war eine persönlich sehr bittere Erfahrung. Ich habe leider auch erleben müssen, wie wirtschaftliche Orientierungen und kaufmännisch geführte Gesundheitseinrichtungen das Arztsein reduzieren auf eine Gesundheitsdienstleistung, die nur noch von Zahlen und nicht mehr von den intimsten Arzt-Patient-Beziehungen mit totalem Vertrauen ausgehen, sondern die wirtschaftliche Zeituhr regelt den Kontakt auf das niedrigste nur denkbare Volumen.

Von meinen Eltern und in meinen verschiedenen Lebensabschnitten habe ich humanitäres Verhalten, Ehrlichkeit, Achtung vor dem Gegenüber und Fleiß und Gewissenhaftigkeit in der Arbeit vorgelebt bekommen und es für mich selber auch vereinnahmt.

Mehr sein als scheinen,
so hat mein Vater mich immer geprägt

Ich habe meine medizinischen Wurzeln in der Universität Rostock 1960 bis 1966 gewonnen. Meine ehrwürdigen Lehrer waren u. a. Professor Schmidt, Prof. Bast, Prof. Brückner u.v.a.m. Ich durfte eine große operativ geprägte Lungenklinik bei Leipzig führen und sie bis in die Neuzeit profilieren, nachdem ich zuvor im Krebsinstitut Berlin Buch – Robert-Rössle-Klinik – unter Prof. Tanneberger, Prof. Marx und Prof. Widow neue Erfahrungen in der Krebstherapie sammeln konnte.

Ich habe in zwei Gesellschaftssystemen gelernt, gearbeitet, und um die Existenz einer großen Klinik und um meine eigene gekämpft. Ich durfte an der Universität Leipzig als Dozent Vorlesungen halten und mit Prof. Lindenau erste Gedanken für die Entwicklung der Lungentransplantation in Leipzig entwickeln.

Ich habe mich mein ganzes Berufsleben der Wissenschaft gewidmet und empfinde es heute als meine moralische Pflicht, mein Leben und meine sehr persönlichen Erfahrungen aus DDR-Zeiten und in den letzten Jahrzehnten in der Bundesrepublik Deutschland für nachfolgende Generationen niederzuschreiben.

Dies soll keine alleinige Autobiografie sein. Aber um mein persönliches Anliegen zu verstehen und nachvollziehen zu können, muss ich dem Umfeld, in dem ich aufgewachsen bin, einen besonderen Raum geben, denn unser Umfeld und die Menschen, mit denen wir es zu tun haben, prägen uns im Verhalten und in unseren eigenen verbalen Kommunikationen.

Der Stil der Diskussion unserer Politiker, nicht nur im Bundestag, kann nicht das Leitbild im Umgang der Menschen in einer Gesellschaft sein, weil zu viel Unwahrheiten und zu viele theoretische Behauptungen mit Untermalung von rein persönlichen privaten Sachverhalten Aggressionen auslösen und auch überhaupt kein Leitbild zum Umgang miteinander darstellen. Das hat mich schon seit Jahrzehnten zutiefst erschüttert und ich kann es auch bis heute nicht verstehen, geschweige denn nach-vollziehen, dass der Bundestagsdiskussionsstil Leitbild sein kann für unsere Gesellschaft. Durch die kontinuierliche mediale Wiederholung solch negativer Leitbilder entwickeln sich auch in der Gesellschaft spiegelbildliche Willensäußerungen dessen, was sich im Bundestag und seiner Umgebung abspielt.

Das sich für mich das Schicksal meines Vaters nahezu identisch wiederholt hat, ist der besondere Anlass, über die Probleme des Systemwechsels in einer Gesellschaft und ihren Folgen nachzudenken.

Die ärztliche Tätigkeit in unterschiedlichen Systemen soll bei meiner rückwirkenden Betrachtung vordergründig sein. Privates steht im Hintergrund, wenngleich es nicht richtig ist, weil mein Privatleben von den beruflichen Notwendigkeiten bestimmt wurde.

Dass ich nicht alle wichtigen Dinge vollständig erwähnen kann, liegt einfach daran, dass man über die vielen Jahre auch sehr viel vergisst – manches vielleicht sogar bewusst. So fehlen mir z. B. sehr viele konkrete Erinnerungen an die Zeit der Schul- und Ausbildungszeit meiner Kinder Grit, Ines und Dirk. Aber auch viele Fakten zu bestimmten Lebenszeiten – z. B. in Vogelsang/Gommern.

Ich will versuchen, etwas in die Tiefe zu gehen und wissenswerte Einzelheiten ausgraben, die wahrscheinlich – wenn auch nicht heute, dann aber ganz bestimmt in Jahren später – für die junge Generation von Interesse sein könnten.

Sehr viele persönliche Begegnungen mit Menschen unterschiedlichster sozialer Stellungen haben mein Leben bestimmt.

Mein Start ins Leben: Ich wurde am 26.7.1940 in Berlin-Charlottenburg geboren

Meine frühe Kindheit in Berlin war ungetrübt, denn noch herrschte hier kein Kriegsgeschrei, obwohl der Zweite Weltkrieg seit dem 1. September 1939 bereits seinen Anfang genommen hatte. Polen, Frankreich und Großbritannien hatten Deutschland bereits den Krieg erklärt. Auch Finnland und Italien waren bereits seit Herbst 1939 in das Kriegsgeschehen integriert. Dennoch: Ich wurde noch in eine heile, sozial gesicherte und politisch nicht aktive Familie hineingeboren. Aber die Nazis hatten bereits die Macht übernommen.

Geburtsurkunde

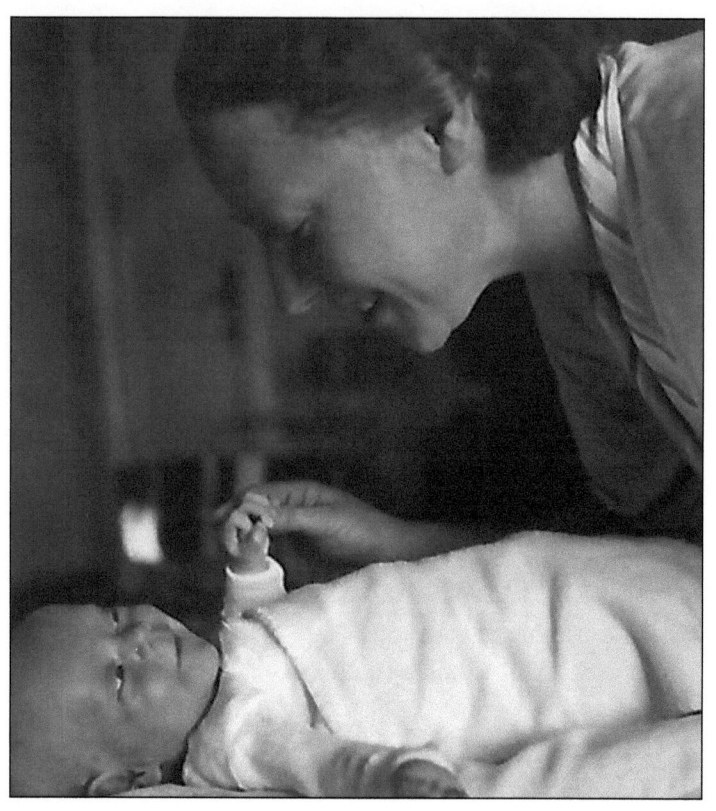

23.10.1940

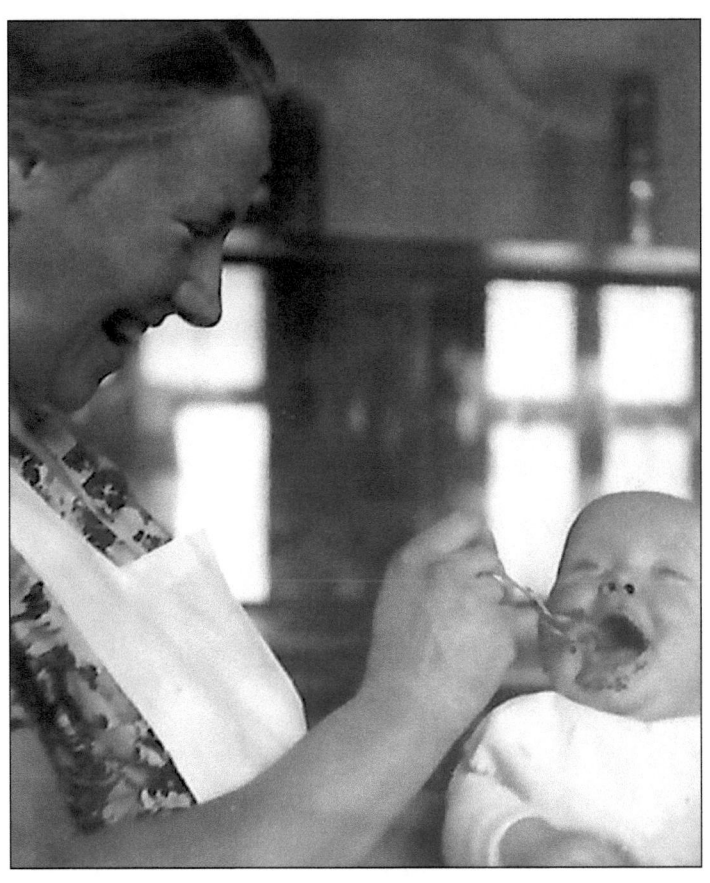

23.10.1940

Weihnachten 1941 in Berlin

Ostseevergnügen 1942 mit meinem Vater und meiner Schwester

Mein Start in das Leben eines Arztes 1966

Ich habe am 15. Juni 1966 meine Approbation als Arzt nach abgeschlossenem Medizinstudium an der Universität Rostock erhalten. Zur damaligen Zeit war das Gesundheitswesen staatlich und wir bekamen unsere Urkunde vom Rat des Bezirks Abteilung Gesundheitswesen. Am 21. Juni 1966 erhielt ich von der Medizinischen Fakultät der Uni Rostock die Urkunde über die erfolgreiche Verteidigung meiner Doktorarbeit und konnte mich nun als Doktor der Medizin – Dr. med. – bezeichnen. In der mikrobiologischen Arbeit ging es um die Wasserqualität der Oberwarnow in Rostock im Hinblick auf Eignung als Badegewässer. Die Colititer-Bestimmung war die entscheidende Richtgröße. Die hierzu notwendigen Untersuchungen im Labor der Uni Rostock – damals unter der Leitung von Prof. Keil, der auch mein Doktorvater war – waren für mich sehr interessant und waren eigentlich die Basis, dass ich mich auch später für experimentelle Untersuchungen interessierte. Das liegt alles mehr als fünfzig Jahre zurück – also über ein halbes Jahrhundert. Ich habe zwangsweise über diesen langen Zeitraum aktiver eigener ärztlicher Tätigkeit Medizingeschichte erlebt – sowohl in der Medizintechnik und in der digitalen Kommunikation mit anderen Fachbereichen, aber auch in der ideologischen Auseinandersetzung zwischen dem Staat und seinem Gesundheitswesen.

APPROBATIONS-URKUNDE

Nachdem der Arzt/die Ärztin   Jürgen W e b e r

geboren am 26. Juli   1940 in   Berlin

am   15. Juni   1966 die ärztliche Prüfung vor dem Prüfungsausschuß

der   Universität   in   Rostock

mit dem Urteil   " befriedigend "   bestanden und den

Vorschriften über die Pflichtassistentenzeit entsprochen hat, wird ihm/ ihr die

Approbation als Arzt

mit Geltung ab 15. Juni   19 66 erteilt.

Der / Die obengenannte Arzt / Ärztin hat den Vorschriften über die Pflichtassistentenzeit in klinischen Fächern mit dem

14. August   19 67

entsprochen.

Diese Approbation berechtigt den Arzt/die Ärztin zur entsprechenden selbständigen Ausübung der Heilkunde.

Der / Die obengenannte Arzt / Ärztin hat den Vorschriften über die Pflichtassistentenzeit im theoretischen Fachgebiet

mit dem   19

entsprochen.

Diese Approbation berechtigt den Arzt/die Ärztin zur entsprechenden selbständigen Tätigkeit in der Heilkunde.

Rat des Bezirkes
Abteilung Gesundheits-
und Sozialwesen

Rat des Bezirkes
Abteilung Gesundheits-
und Sozialwesen

R o s t o c k

(Unterschrift)   Bezirksarzt
Obl. Dr. med. Kluge
Verwaltungsgebühr: 10,— MDN
Rostock, den 16. Okt. 1967
Reg. Nr.: 84/66

Dienst-
stempel

(Unterschrift)   Bezirksarzt

0106 VLV Freiberg

B 0073 III 9 3 Ag 307 65 DDR

Approbation

Unter dem Rektorate

des ordentlichen Professors Dr. phil. habil. G. Heidorn

hat die

MEDIZINISCHE FAKULTÄT

der

UNIVERSITÄT ROSTOCK

den Arzt Jürgen W e b e r

aus Berlin

auf Grund seiner Dissertation

Bakteriologische Befunde im Wasser der
Rostocker Flußbadeanstalt-Oberwarnow-
und ihre hygienische Bedeutung

und der am 21. Juni 195/66 bestandenen mündlichen Prüfung

durch ihren Dekan

den ordentlichen Professor Dr.med.habil. K.-H. Mehlan

mit dem Prädikat

" c u m l a u d e "

zum

DOKTOR DER MEDIZIN

promoviert und darüber dieses Diplom ausgestellt

Rostock, am 21. Juni 1966

Rektor:

Der Dekan:

Dr. med.

16

Heute würde ich sagen, wir waren vor fünfzig Jahren Pioniere unserer Zeit. Die eigene Verantwortung für eigenes Handeln zu tragen, war eine schwere Last, die aber durch das kollektive Verhalten der anderen Kollegen ertragbar gemacht wurde, weil es auch noch nicht die heute üblichen juristischen Verwicklungen einer ärztlichen Behandlung am Patienten gab. Dass ich eine vorsätzliche Körperverletzung mache, wenn ich einem **Patienten aus Krankheitsgründen zur Gesundung** eine Spritze verabfolge, habe ich erst in der BRD gelernt. Eine für mich bis heute völlig unverständliche Interpretation ärztlichen Handelns. Ärztliches Handeln zum Ziel einer Gesunderhaltung und/oder Therapie muss diese Notwendigkeit einschließen bzw. ausschließen, dass ein solcher Akt a priori juristisch relevant wird.

Heute kann man sich nicht mehr vorstellen, dass die Röntgenfilme in der Dunkelkammer entwickelt wurden, dass die Spritzen als Glasspritzen immer wieder neu sterilisiert und in Glasschalen gelagert wurden und dann mit einer Kornzange entnommen werden mussten. Mulltupfer wurden von Hand gedreht, kamen dann in die Trommel und wurden sterilisiert. Auch elastische Binden wurden immer wieder gewaschen und dann wieder aufgewickelt. Es gab auch noch keine separaten OP-Kleidungen, mit denen man sich in den OP-Trakt begab. Die OP-Räume waren frei zugänglich, es gab in der Regel noch keine Schleusen. Die Narkoseärzte arbeiteten ohne Mund-Nasen-Schutz und den Blinddarm haben wir unter einer Äthertropfnarkose über eine Schimmelbuschmaske ans Tageslicht befördert. Wir mussten diese Äthertropfnarkosen auch sehr oft selber durchführen, was ich persönlich sehr ungern tat, denn man musste höllisch aufpassen auf die Pupillenreaktion. Bis zur Zahl 20 sind die Patienten mit dem Zählen meist nicht gekommen, dann konnte es losgehen, es musste möglichst schnell operiert werden wegen der immer gegebenen Gefahr einer Ätherüberdosierung. Und wehe, wenn der Pat. am Ende der OP zu früh presste!!

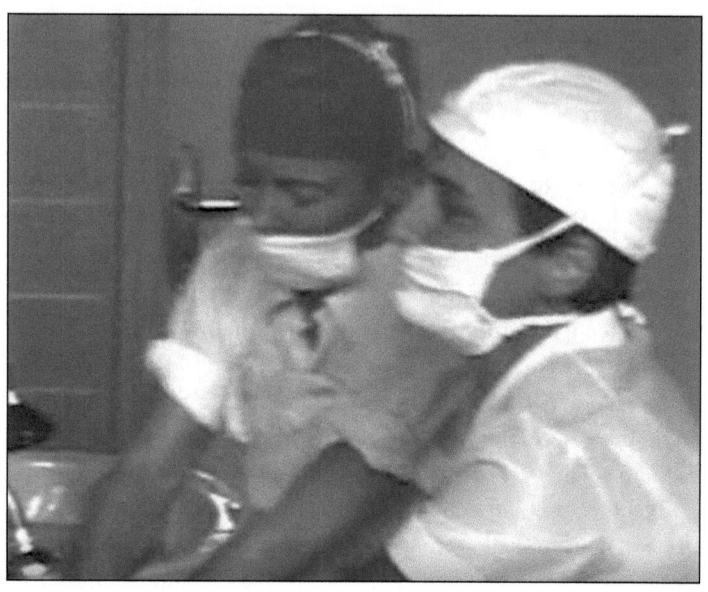

Meine chirurgische Händedesinfektion 1967/68, bis über das Ellbogengelenk war man im Wasser

Narkoseärztin 1968 ohne Mund-Nasen-Schutz

1968 Glasspritzen – Entnahme aus der Glasschale

In der Versorgung von überwiegend älteren Patienten war es Routine, subkutane Kochsalzinfusionen anzulegen. Man bildete am vorderen Oberschenkel eine Hautfalte und führte dann eine Streukanüle in das subkutane Gewebe ein und nun konnte über einen Zeitraum von ca. 1,5 Stunden die Kochsalzlösung in das Gewebe „einlaufen" – 500 bis 1000 ml auch in zwei Sitzungen. Solche Streukanülen habe ich dann Jahrzehnte später erneut verwendet, wenn wir die „Kleinsche Lösung" vor der eigentlichen Fettabsaugung in das Gewebe eingebracht haben.

Lange und sehr ausführliche Visiten in der Inneren Medizin stempelten uns zu untertänigen Pflichtassistenten, die den Worten des Chefarztes lauschten, wenn es um Erklärungen von Krankheitsbildern ging.

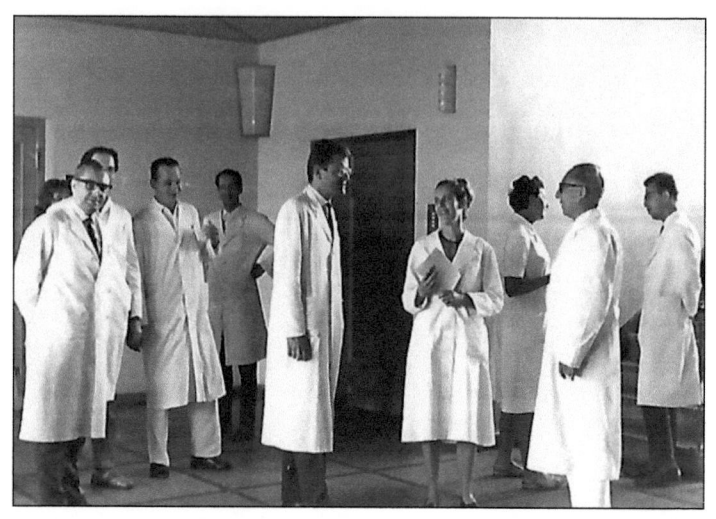

Diskussion außerhalb der Krankenzimmer während einer Chefarztvisite

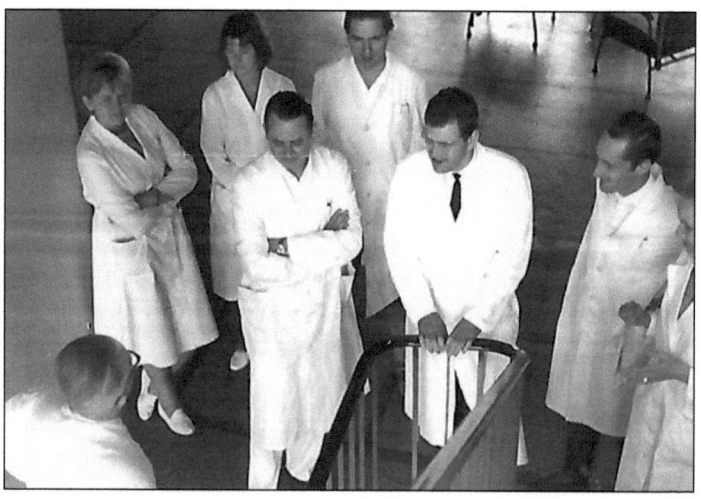

Kreiskrankenhaus Burg/bei Magdeburg – 1967

Aber da gab es auch Momente des Frohsinns und der Heiterkeit, wenn das gesamte Team feiern wollte. Es war Mitte der sechziger Jahre eine unbeschreibliche Kollegialität und ein sehr unkompliziertes Miteinander. Schaut man in die Gesichter der Kollegen, so sieht man nur freudige Gesichtszüge.

Stimmungsbild einer Fröhlichkeit in der Inneren Medizin Kreiskrankenhaus Burg/bei Magdeburg – 1967

Bevor ich auf die besonderen systemrelevanten Einflüsse auf mein ärztliches Dasein zu sprechen komme, muss ich noch zu den inzwischen historischen medizinischen Aktivitäten einige Ausführungen machen, weil es für die junge Generation wahrscheinlich lohnenswert ist, davon zu hören. Ich bin davon überzeugt, dass in den heutigen Vorlesungen darüber nicht mehr oder kaum gesprochen wird, weil einfach die Zeit dafür nicht mehr reicht. Auch im Studium wirken Leistungsdruck und die Zeit.

Ich bin bereits als Student tief in die Medizin integriert worden. Der Anlass dafür war sehr traurig, denn mein Vater hatte 1963 einen Lungenkrebs (kleinzellig), der in der Lungenklinik Lostau unter der Leitung von Prof. Friedel diagnostiziert wurde.

Ich hatte zu der Zeit gerade mein Physikum bestanden, hatte einen Roller „Troll", war mit einer Medizinstudentin in der Beziehung und war schnell mal zwischen Rostock und der Lungenklinik Lostau bei Magdeburg unterwegs.

Mein Motorroller „Troll"

Als Medizinstudent nach dem Physikum wurde man damals – 1963/64 – von den Kollegen schon geachtet. So wurde ich auch immer sehr in das Krankheitsbild meines Vaters eingeweiht. Die engen Beziehungen zur Lungenklinik Lostau und zu Prof. Friedel blieben über viele Jahre sehr fest, zumal ich dann nach der Operation meines Vaters in der Lungenklinik Vogelsang/Gommern meine Ausbildung in der Pflichtassistentenzeit und dann in der Ausbildung zum Facharzt wahrgenommen habe. Primäres Facharztziel war der Facharzt für Lungenkrankheiten, der sich dann in der Ausbildung zum Facharzt für Chirurgie bzw. später Thoraxchirurgie verändert hat.

Der Krebs meines Vaters war inoperabel!

Heutiges Fachkrankenhaus Vogelsang/Gommern; ehemals Lungenheilstätte; Die Landesversicherungsanstalt der preußischen Provinz Sachsen eröffnete im Jahre 1899 in einem Waldstück bei Gommern (nahe Magdeburg) die erste Lungenheilstätte für Frauen, zuerst mit 160 Betten. Die Klinik Vogelsang galt lange als Musteranstalt, verfügte als Erste über eine autarke Stromversorgung, eine Geschirrspülmaschine und einen eigenen Krankenwagen.

https://de.wikipeda.org HYPERLINK „https://de.wikipeda.org%3ewiki/" HYPERLINK „https://de.wikipeda.org%3ewiki/" HYPERLINK „https://de.wikipeda.org%3ewiki/"> HYPERLINK „https://de.wikipeda.org%3ewiki/" HYPERLINK „https://de.wikipeda.org%3ewiki/" HYPERLINK „https://de.wikipeda.org%3ewiki/"wiki> Lungenheilstätten

Schoefer, Günther Rudolf, *OMR Dr. med. Chefarzt der Lungenklinik zu meiner dortigen Ausbildungszeit 1966 bis 1977; geb.22.11.1919 in Ruppersdorf/Schlesien; gest. 31.10.1995 in Vogelsang/Gommern, Arzt, Obermedizinalrat*

OMR Dr. G. Schoefer

*Nach dem 1939 am Gymnasium in Trebnitz/Schlesien abgelegten Abitur studierte S.,
ein Bauernsohn, 1940–45 Medizin an den Universitäten Breslau und Halle, unter-
brochen durch den Militärdienst und eine Tuberkulose-Erkrankung. Nach seiner Approbation und Promotion 1945 in Halle war S. Assistenzarzt in einer Allgemeinpraxis
in Halle und 1946–48 am Tuberkulose-Krankenhaus Stapelburg. 1948 begann seine
Tätigkeit als Oberarzt am Krankenhaus Vogelsang bei Gommern – damals eine Tu-
berkuloseklinik. 1951 wurde er kommissarischer, 1952 leitender Chefarzt und 1970*

Chefarzt der Thoraxchirurgie, ab 1952 zugleich Ärztlicher Direktor bis zum Erreichen der Altersgrenze 1984. 1952 war S. als Facharzt für Lungenkrankheiten, 1972 als Facharzt für Chirurgie anerkannt worden. Sein besonderes Engagement galt der Tuberkulose- und Krebsbekämpfung. Es ist sein herausragender Verdienst, dass er unter den in der DDR gegebenen Einschränkungen in Vogelsang ein hochleistungsfähiges Zentrum der Lungenheilkunde und später der Thoraxchirurgie aufbaute. S. begründete hier eine Schule für Krankenschwestern und -pfleger, die bald hohes Ansehen genoss, sowie eine der ersten Blutbanken mit eigenem Spenderstamm. Er führte modernste Techniken der bildgebenden und funktionsermittelnden Diagnostik (z. T. Eigenentwicklungen) ein. Mit seinem Namen sind dauerhaft die Kavernostomie bei fortgeschrittener Lungentuberkulose sowie die erweiterten Resektionen des fortgeschrittenen Bronchialkarzinoms verbunden. Teilsektionen der Luftröhre aus verschiedensten Indikationen führte er in Europa als einer der ersten durch. Seine Mitarbeiter – Krankenschwestern, Laboranten und Ärzte – spornte er sehr konsequent zu dauerhaft überdurchschnittlichen Leistungen an. Mit diesem Team leistete S. einen wesentlichen Beitrag dazu, dass die Lungentuberkulose als Volksseuche beseitigt werden konnte. S. war 1977–79 Vorsitzender der Sektion Thoraxchirurgie der Gesellschaft für Chirurgie der DDR, 1975–86 gehörte er dem Vorstand der Gesellschaft an. Er veröffentlichte auf nationalen und internationalen Tagungen und in medizinischen Zeitschriften mehr als 70 wissenschaftliche und einige populäre Beiträge. Für seine Leistungen wurde S. mit den Titeln eines Medizinal- (1961) und Obermedizinalrates (1972) sowie mit der Hufelandmedaille in Silber (1966) und Gold (1984) geehrt.

Werke: Narkosebronchografie als Routineuntersuchung, in: Das Deutsche Gesundheitswesen 11, 1956, 780–782; Langzeitergebnisse bei lokal-chirurgischer Behandlung von Kavernen, in: Zs. für Erkrankungen der Atmungsorgane 133, 1970, 64–68; Die parasternale Mediastinal- und Lungenbiopsie, in: ebd. 140, 1974, 99–104 (mit Jürgen Weber); Extrahiatale Zwerchfellhernien im Erwachsenenalter, in: Zentralblatt für Chirurgie 99, 1974, 146–153 (mit Jürgen Weber). http://www15.ovgu.de/mbl/Biografien/0964.htm

Ich war in der Lungenheilstätte Vogelsang/Gommern, als mein Vater nach der Operation eine Lungenembolie erlitt. Ich habe Nachtwache bei ihm gehalten. Damals war es modern, in einer solchen Situation in ein Sauerstoffzelt gelegt zu werden. Das haben wir auch mit meinem Vater gemacht – er hat die Lungenembolie überlebt – leider später nicht den Krebs.

Diese ganze Zeit möchte ich ungeachtet der tödlichen Erfahrung mit der Diagnose Krebs in der eigenen Familie nicht missen, denn was ich in den beiden Einrichtungen Lostau und Vogelsang gelernt habe, bereichert meinen medizinischen Erfahrungsschatz bis heute.

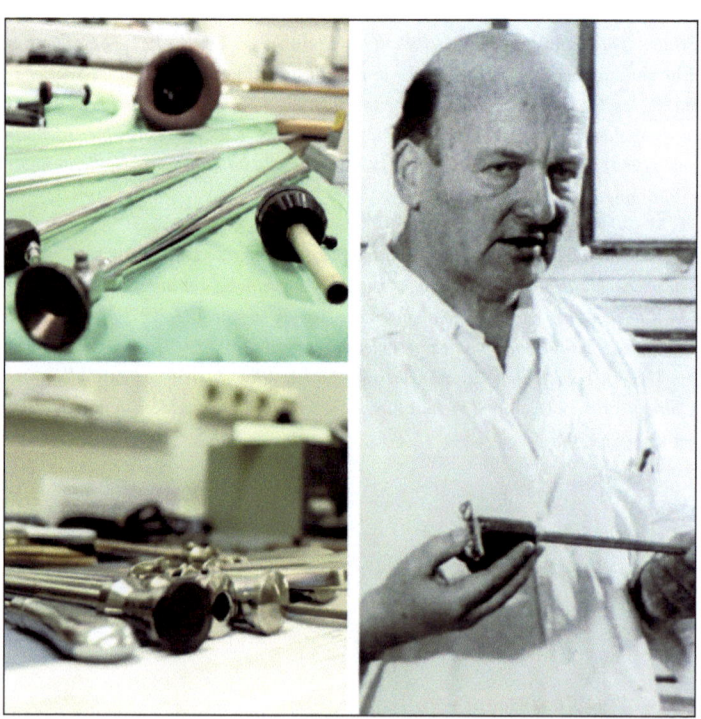

Prof. Dr. med. habil. H. Friedel war der Nestor der Bronchologie in der DDR und hat bahnbrechend die apparative und methodische Endoskopie der Atemwege international geprägt. Ich bin stolz darauf, bei und mit ihm gearbeitet zu haben. In Lostau habe ich die Mediastinoskopien durchgeführt, nachdem ich diese sehr heikle operative Untersuchung des Mediastinums (Mittelfellraum) bei OD Dr. Thümmler in Vogelsang erlernt habe.

https://www.lungenklinik-lostau.de/unsere-lungenklinik/pressemitteilungen/einzel-ansicht/browse/1/article/460/abgesagt-festveranstaltung-zu-ehren-prof-dr-med-heinrich-friedel.ht

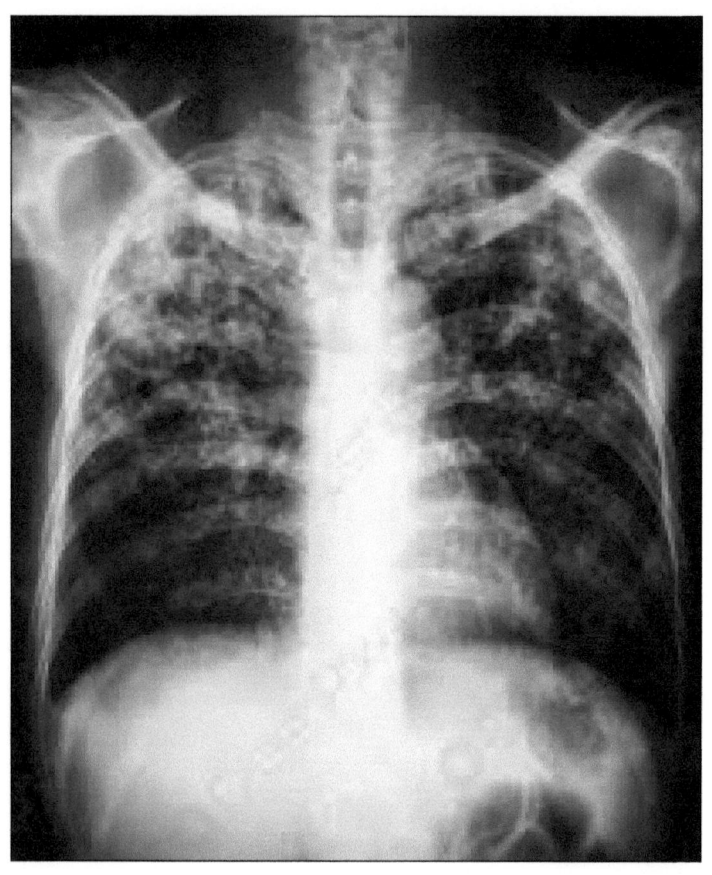

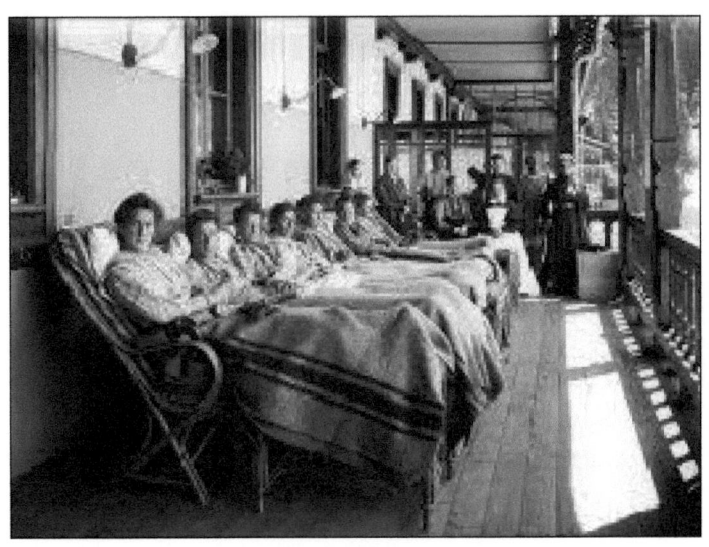

*https://www.google.de/search?q=Liegekuren&tbm=isch&source=iu&ictx=1&fir=AC_*
Q6pYRibvObM%252Cz4YCd8B68hz-lM%252C_%253Bn0okCfsGwFCBFM%
252CIzUdtreqxLxMlM%252C_%2

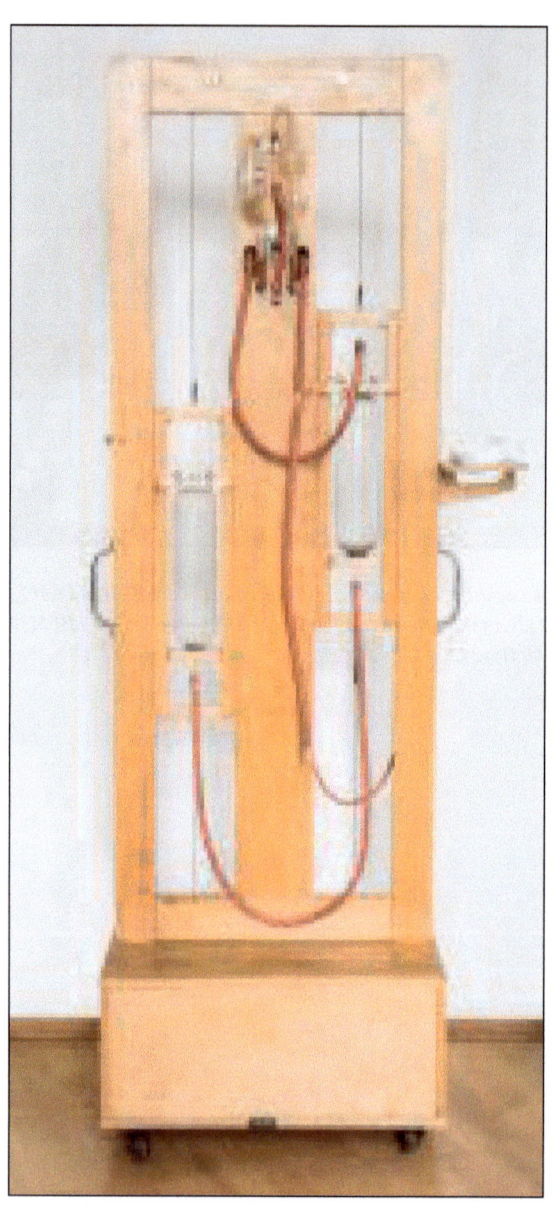

Die Lungentuberkulose war Ende der sechziger Jahre noch sehr gegenwärtig. Die Behandlung bestand aus Liegekuren, Medikamenten, wie INH, PAS und Streptomycin, und im Zweifelsfall musste auch operiert werden. Ich kenne noch die Lungenkollapsverfahren, die Ölplomben, die Thorakoplastiken, Kavernostomien u.v.a.m. Es war für mich eine aufregende Zeit, Patienten mit einer Kavernostomie zu verbinden, wenn diese über die Öffnung im Bereich des Rückens über die Lungenöffnungen (vergrößerte Bronchiolen) atmeten und vor allem auch husteten. Während der Behandlung konnten die Patienten nicht sprechen, weil ihnen der Atemstrom für die Sprache fehlte. Durch diese „offene" Behandlung konnten die Kavernen aber ausheilen und später wurde der Defekt durch eine Plastik verschlossen.

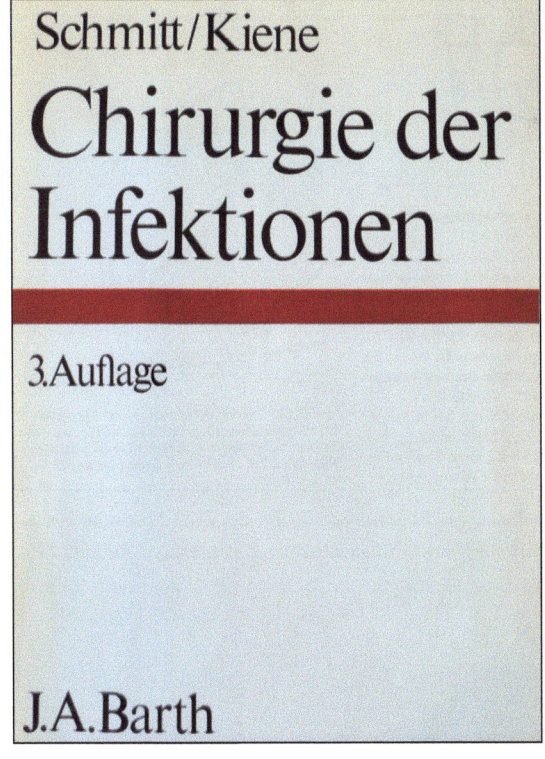

Schmitt/Kiene
Chirurgie der Infektionen
3.Auflage
J.A.Barth

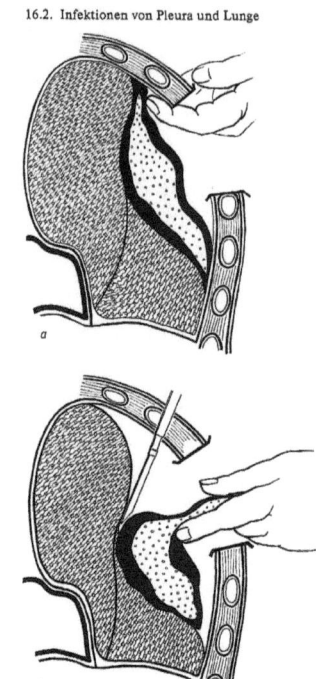

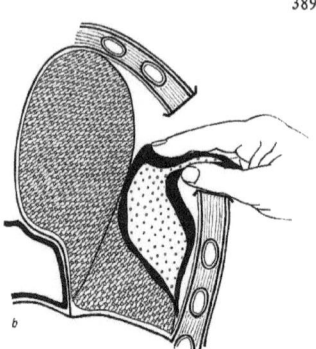

Abb. 16.14 Empyemektomie bzw. Dekortikation. *a* Extrapleurale digitale Mobilisation des Empyemsakkes; *b* digitale stumpfe Lösung des Empyemsackes von der Lunge; *c* scharfe Mobilisation des Schwartensackes von der Lunge

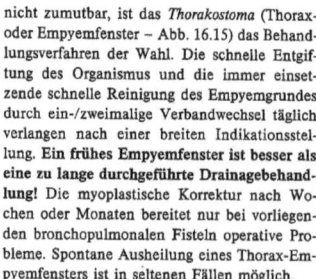

nicht zumutbar, ist das *Thorakostoma* (Thorax- oder Empyemfenster – Abb. 16.15) das Behandlungsverfahren der Wahl. Die schnelle Entgiftung des Organismus und die immer einsetzende schnelle Reinigung des Empyemgrundes durch ein-/zweimalige Verbandwechsel täglich verlangen nach einer breiten Indikationsstellung. **Ein frühes Empyemfenster ist besser als eine zu lange durchgeführte Drainagebehandlung!** Die myoplastische Korrektur nach Wochen oder Monaten bereitet nur bei vorliegenden bronchopulmonalen Fisteln operative Probleme. Spontane Ausheilung eines Thorax-Empyemfensters ist in seltenen Fällen möglich.

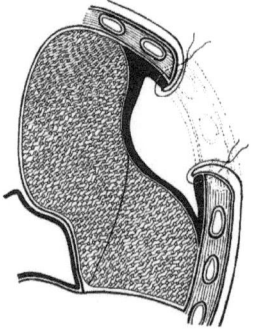

Abb. 16.15 Prinzip der Anlage eines Thorakostomas: Rippenteilresektion in Abhängigkeit von der Größe der Empyemhöhle, Teilresektion der parietalen Höhlenwand bzw. Schwarte, Einnähen der mobilisierten Hautränder

J. Weber 1991: Offenlegung von Kavernen oder Empyemen durch Fensterung von außen. In „Chirurgie der Infektionen", Schmidt/Keine; 3. überarbeitete Auflage, Leipzig: J. Barth 1991

Ich habe dieses Prinzip später in die Therapie von Empyemen auch nach Pneumonektomien übernommen.

In ganz besonderer Erinnerung ist mir geblieben, dass wir – um eine Verklebung der Pleurablätter z. B. vor einer operativen Kaverneneröffnung (Kavernostomie) zu erreichen – Bauchtücher in den Thorax eingelegt haben. Nach acht Tagen wurden diese dann wieder entfernt, es war zu einer artifiziellen Entzündung der parietalen Pleura gekommen und hierdurch kam es nun zu einer definitiven Adhäsion (Verklebung) der Lunge an der parietalen Pleura. Das war mitunter deshalb notwendig, wenn bei der erforderlichen Kavernostomie die Gefahr eines Lungenkollapses bestand, weil die Pleurablätter nicht verklebt waren. Das würde sich heute wohl kaum noch ein Chirurg trauen? Man stelle sich den Anwaltsturm vor!

Den Umgang mit einem Pneumothoraxapparat – s. o. – habe ich auch noch praktiziert. Damit konnte man entweder Luft aus dem Brustkorb absaugen oder zum Zwecke eines künstlichen Lungenkollaps zur Behandlung der Tuberkulose einfüllen. Die Luftströme wurden ganz einfach durch Verschieben der beiden Wasserbehälter geregelt. Zu meiner Zeit wurde aber schon kein therapeutischer Lungenkollaps (Pneumothorax) mehr angelegt. In der Zeit meiner Ausbildung in Vogelsang (ab 1963 als Famulus) war der Gebrauch der Geräte aus therapeutischen Zwecken jedoch noch üblich (Absaugung von Luft bei einem Pneumothorax und anderen Indikationen).

Es waren in den sechziger Jahren auch die vielen Minuten vor dem Röntgenbildschirm, die so eindrucksvoll – wenn auch in Grautönen – das Innenleben des Menschen erkennen ließen. Zwanzig Minuten musste man im Vorraum im Dunkeln sitzen und das Augenlicht an die Dunkelheit adaptieren. Hier war dann Zeit für viele Fragen und Gespräche. Dr. Schoefer hat mir dann die Aufhellung der Lungenspitzen beim Husten demonstriert und die röntgenologische Anatomie des Menschen im Thoraxbereich.

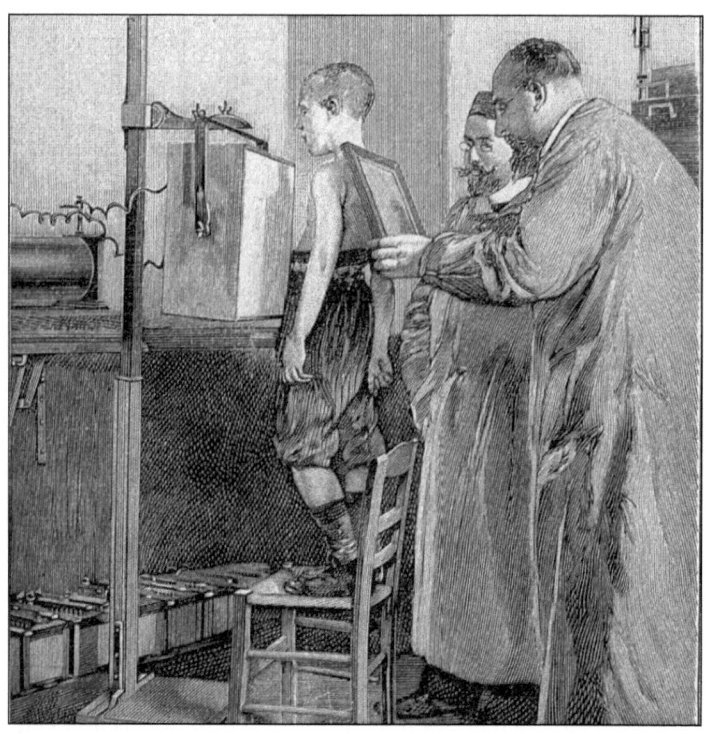

Röntgendurchleuchtung

https://www.google.de/search?source=univ&tbm=isch&q=r%C3%B6ntgendurchleuch-
tung+Bilder&fir=gDWzAQWaxtLxfM%252CKtkVZwLZ0hLudM%252C_%2
53B9ZjsJPK75e4P6M%252CtQtwrFDyjcIZlM%252C_%

Der Chef der Inneren Abteilung im KH Burg und Dr. Schoefer waren meine ersten Lehrmeister in der Röntgendiagnostik.
Hätte heute noch jemand Zeit für so zeitaufwendige Untersuchungen?? Heute sind es digitale Prozesse, die unsere Körper-
strukturen auflösen und uns ungeahnte Informationen geben.
Welch ein Fortschritt in fünfzig Jahren Medizingeschichte. Dies
ist nur eine von vielen großartigen technischen Revolutionen in
der Medizin, die ich miterleben durfte.

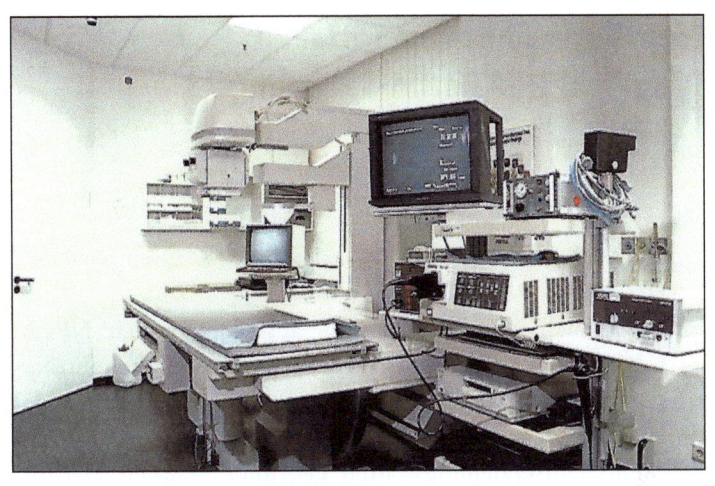

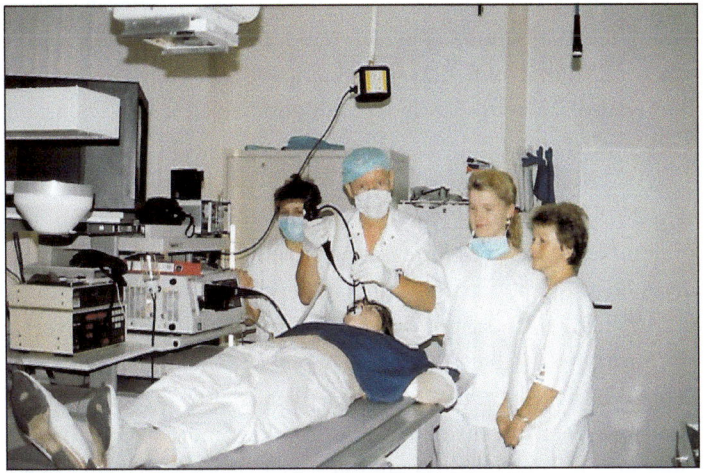

Mein eigener Röntgen- und Endoskopie-Arbeitsplatz im Jahr 1994

Mit meinem Vater konnte ich leider nie über sein Leben reden. Zu spät ist die Sehnsucht danach. Es sind so gleichartige Lebenserfahrungen, sich in einem System zu engagieren, dass sich als nicht rechtmäßig und nach heutigen Kriterien als Diktatur in die Geschichtsbücher geschrieben hat.

Mein Vater und seine Tätigkeit
in der NAPOLA Berlin-Spandau

Was war die Napola?
https://de.wikipedia.org/wiki/Nationalpolitische_Erziehungsanstalt

„Die Nationalpolitischen Erziehungsanstalten (amtlich: NPEA, auch Napola-Nationalpolitische Lehranstalt oder Napobi-Nationalpolitische Bildungsanstalt) waren Internatsoberschulen, die nach der nationalsozialistischen Machtübernahme 1933 als ‚Gemeinschaftserziehungsstätten' gegründet wurden. Der Besuch der Schulen führte zur Hochschulreife. Ähnlich wie bei den Adolf-Hitler-Schulen und den SS-Junkerschulen handelte es sich um Eliteschulen zur Heranbildung des nationalsozialistischen Führernachwuchses. Hauptaufgabe war die Erziehung zu Nationalsozialisten, tüchtig an Leib und Seele für den Dienst an Volk und Staat."

„Die britische Historikerin Helen Roche konstatiert in ihrem 2015 vorgelegten Aufsatz, dass die jüngste Generation, die in den NAPOLAs das Kriegsende erlebte, sich durch ein besonderes Sendungsbewusstsein und ausgeprägte Fitness auszeichnete. Als Beleg führt sie an, dass aus ihren Reihen drei Professoren für Sportwissenschaft hervorgegangen seien. Die meisten Zeitzeugen berichteten, dass sich die Anstaltsleiter mit erheblicher Fürsorge 1945 um ihre Schützlinge gekümmert und sie häufig auch vor der Verwendung an der Front bewahrt hätten.[7] Der Erziehungswissenschaftler Alexander-Martin Sardina kommt in seiner 2002 vorgelegten Staatsexamensarbeit hingegen zu gegenteiligen Feststellungen.[8]"

Mein Vater war Oberstudienrat und als solcher zunächst stellvertretender Leiter und 1944 Leiter der Napola Berlin-Spandau (Nationalpolitische Erziehungsanstalt).

Berlin-Spandau - Napola (Nationalpolitische Bildungsanstalt)

Napola in Berlin-Spandau Ansichtskarte/Postkarte Berlin Spandau, Straßenpartie |
akpool.de

Mein Vater im Unterricht in der Napola

Mein Vater im Unterricht in der Napola

1928 legte er in Berlin das Staatsexamen für das höhere Lehramt ab, 1930 bestand er die pädagogische Prüfung an der Hindenburg-Oberrealsschule mit Auszeichnung und wurde auf dieser Basis der staatlichen Bildungsanstalt „Stabila" in Berlin-Lichterfelde zugewiesen in Vollbeschäftigung. In diesem Lehramt konnte sich mein Vater voll entfalten und er hat mit größter Begeisterung zusammen mit seinen Schülern Unterrichtsräume gestaltet und Werkstätten für Basteln, Bauen, Malen usw. geschaffen. „Ich hatte keine Zeit für ein Parteileben", schrieb er in seinem Lebenslauf, der Beruf ging mir über alles.

Auszüge aus dem persönlichen Lebenslauf meines Vaters:

„Inzwischen ging der politische Kampf der Parteien der vorläufigen Entscheidung entgegen, in dem die NSDAP durch ihre Propaganda und Versprechungen so viele Wähler an sich zog, dass sie mit diesen Stimmzetteln zur Macht gelangte. Erst im Mai 1933, nachdem die Würfel gefallen waren, fand ich mich bereit, derjenigen Partei beizutreten, die von sich zunächst behaupten konnte, dass sie die Mehrheit der Stimmen auf sich vereine. *Grund meines Beitritts war die Aufforderung an die jungen Beamtenwärter, der Partei beizutreten, da sie sonst nicht in den Staatsdienst übernommen werden könnten."* Wie sich doch die Inhalte Jahrzehnte später in der DDR wiederholten!!

„Im Herbst 1933 wurde die ‚Stabila' verschrien als rote Anstalt und durch Göring wurden alle Mitarbeiter und Schüler auf die Straße gesetzt. 1934 wurde die ‚Stabila' dann umgewandelt in eine staatliche Nationalpolitische Erziehungsanstalt, nachdem schon andere Anstalten ‚umgeschaltet' waren. Die Umwandlung der Spandauer Anstalt erfolgte später, weil sie 1933 dazu nicht reif erschien."

1935 wurde mein Vater aus dem Heimdienst entlassen und in das offene Kollegium eingereiht. Junge willige Kräfte sollten uns „Alte" ablösen, um den neuen Kurs einzuschlagen, schreibt er in seinen Erinnerungen.

„Die Napola war keine politische Einrichtung im Sinne des politischen Parteilebens. Ihr war die Aufgabe gestellt, den jungen Menschen zum bewussten Glied der Gemeinschaft des Volkes zu erziehen, der dem Wort treu bleiben sollte: *Mehr sein als scheinen, viel leisten, wenig hervortreten.*" Die Erwartung mancher Kreise etwa einer parteipolitischen Ausrichtung der Anstalten ist an völlig falsche Voraussetzungen geknüpft bzw. eine falsche Deutung der vielleicht nicht glücklichen Bezeichnung ‚NPEA' (Nationalpolitische Erziehungsanstalt), deren Änderung mehrmals beantragt wurde. Beweis mag sein, dass von den gesamten Jahrgängen der Anstalt Berlin-Spandau nicht ein einziger Junge sich dem Parteileben gewidmet, geschweige denn in diesem seine Lebensaufgabe gewählt hat. Auf die Berufswahl wurde entsprechend dem Charakter einer staatlichen allgemeinbildenden Erziehungsanstalt überhaupt kein Einfluss genommen. *Die Freiheit der eigenen Entscheidung blieb heiligstes Gebot.* Eben weil die Anstalten keine Parteiinteressen vertraten und die Partei auch die Arbeit in der Anstalt Berlin-Spandau nicht anerkannte – die Anstalt Spandau ist noch nicht einmal vom Kreisleiter besucht worden – wurden die Adolf-Hitler-Schulen gegründet, die einen Gegenpol bilden sollten."

Im Jahr 1937 erschien eine Verfügung, nach der jeder Aufstieg im Amt abhängig gemacht wurde von einem zu erwerbenden Leutnantpatent, was mein Vater strikt ablehnte. Aber es gab noch andere Enttäuschungen, weil Beförderungen nicht mehr nach Können, Fleiß und Hingabe zum Beruf entschieden wurden, sondern nach Parteinummer und anderen solchen Papieren.

In den Folgejahren entwickelte sich daher bei meinem Vater eine Kontroverse zur Entwicklung in der Napola, in der zunehmend nur noch nach parteipolitischen Interessen und nicht mehr nach Wissen und Können über Leitungskader entschieden wurde. Er hat dann auch der Forderung nach Eintritt in die SS nicht entsprochen, musste aber dennoch nach Einziehung des Leiters der Anstalt diese Funktion als Dienstältester übernehmen (Februar 1942 bis Januar 1944) und musste somit der Verlegung der Anstalt nach Köslin 1944 folgen, wurde noch versetzt nach Burg/Dithmarschen, und wir mussten von Köslin infolge des aktuellen Kriegsgeschehens nach Osterburg in der Altmark fliehen.

Mein Vater war noch im Krieg zum Oberstudienrat befördert worden.

Diese Ereignisse – vor allem auch aus politischer Sicht – musste
ich ein wenig detaillierter darstellen, weil sich dieser Prozess der
Einordnung und/oder Unterordnung in ein politisches System
fünfzig Jahre später für mich wiederholt. *Mein Vater wurde ob seiner Lehrtätigkeit an der Napola und der Mitgliedschaft in der NSDAP
nach dem Krieg nicht in den neuen Schuldienst übernommen. Ich wurde aus anderen politischen Gründen aus dem „Staatsdienst" entlassen.*

Mein Vater fühlte sich durch die Nachkriegsereignisse so erschüttert, dass er mit seinem persönlichen schuldfreien Abstieg
im sozialen Status (er war zum einfachen Lagerarbeiter degra-
diert worden und hat Mehlsäcke geschleppt) einfach nicht fertig
wurde. Kleinzellige Lungenkarzinome, wie bei meinem Vater,
werden u. U. auch durch endokrine Dysbalancen ausgelöst. Zumindest können solche endokrinen Störungen einen tiefen Einfluss auf solche Krebsentwicklungen haben. Dies traf sicherlich
bei meinem Vater zu. Meine Mutter hat das immer wieder betont und ich würde es heute nicht anders sehen.

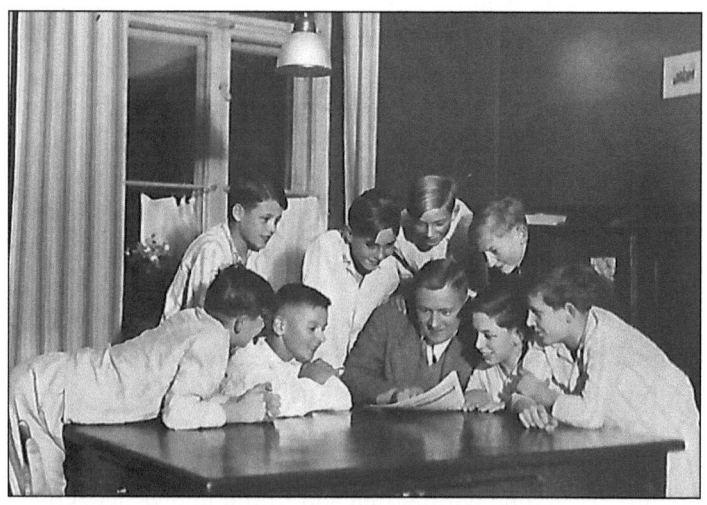

Mein Vater mit seinen Schülern 1943 in der Napola in Berlin-Spandau

Gehaltsbescheinigung

Buchungszeichen
(Personal-Nr.): ....

Nachstehend erhalten Sie eine Aufstellung über die Dienstbezüge, die Ihnen für den Monat September 1943 zu zahlen sind. Diese Bescheinigung ist sorgfältig aufzubewahren, damit sie für den Fall, daß die Auszahlungsunterlagen der nachbezeichneten Kasse verlorengehen, als Unterlage für die Weiterzahlung Ihrer Bezüge dienen kann.

Diese Gehaltsbescheinigung dient zugleich als Zahlungsausweis für folgende Fälle. Sofern eine Zahlung der Dienstbezüge sich infolge besonderer Umstände in der bisherigen Weise nicht ermöglichen läßt, können Sie unter Vorlage dieser Bescheinigung und unter genügendem Ausweis über die Person des Empfängers (Dienstausweis, Paß, Kennkarte, Postausweis und andere) den Nettobetrag Ihrer Bezüge bei einer Regierungshauptkasse, bei der Preußischen Staatsbank (Seehandlung) oder bei einer Preußischen Regierungskasse gegen Quittung abheben oder abheben lassen. Für diese Zahlungen ist aber nur diejenige Kasse zuständig, in deren Bereich die staatliche Dienststelle verlegt worden ist oder der Zufluchtsort des Empfängers liegt.

Besoldungsgruppe *A 2 c 1* BDA vom *1. 4. 32* Ortsklasse *S*

Grundgehalt	*583.34* RM
Ruhegehaltsfähige Stellenzulage	RM
Örtlicher Sonderzuschlag *3* v.H.	*17.50* RM
Wohnungsgeldzuschuß	*132.-* RM
Ausgleichszulage	RM
....	RM
Gesamtbezüge	*732.84* RM
Kürzungsbetrag	*43.97* RM
Verbleibender Betrag	*688.87* RM
Ausgleichsbetrag nach EWGG	RM
Bleiben	*688.87* RM
Kinderzuschlag	*40.-* RM
....	RM
Fernsprechgebührenzuschuß	RM
Gesamtsumme	*728.87* RM
Abzüge:	
Lohnsteuer	*87.10* RM
Eisernes Sparen	RM
RDB-Beitrag *Miete u. Heizung*	*126.70* RM
WHW	*6.05* RM
Vorschußerstattung	RM
Ab 15.44 Miete 93.45	*219.85*
	Nettobetrag *509.02*

An

Herrn *Oberstudienrat*

Herbert Weber

Berlin NW40, den *25. November* 1943.

**Hauptkasse der Preußischen Bau-
und Finanzdirektion.**

(Dienstsiegel)

wenden!

Gehaltsbescheinigung 509,20 RM netto 1943

Mein Vater wollte über die Zeit in und mit der Napola nicht reden. Der Name NAPOLA ist heute noch negativ besetzt. Mein Vater hat für seine Schüler gelebt, er konnte fantastisch erklären und zog auch später in seinen vielen Vorträgen in der Altmark die Zuhörer in seinen Bann. Da konnte man die Stecknadel auf den Fußboden fallen hören. Ich durfte oft mitfahren in so einem damals tollen, heute altem Opel und dann die 16-mm-Filme und Dias vorführen. Die Dias hatte mein Vater selber geklebt, die Filme waren Schulfilme. Das „Kalben" der Gletscher war damals schon faszinierend anzuschauen. Und sie „kalben" immer noch. Heute ist das eine Folge des Klimawandels, der aber damals schon aktiv war, wir haben es nur noch nicht richtig interpretiert, obwohl wir uns bereits damals am Ende der Eiszeit befanden. Und wir leben immer noch in dieser ausklingenden Eiszeit, in der das Polareis schneller und immer gravierender abnimmt. Und durch die Erwärmung des Nordpols verändert sich der Jetstream in zehn Kilometern Höhe und beeinflusst dadurch die Wetterlagen. Solche Naturprozesse laufen eben so langsam ab, dass eine Menschengeneration allein das gar nicht erfassen kann. Auch die Sahara war einmal ein Regenwald! Und die Erde verändert sich auch weiter – ohne unser Zutun! Allerdings beschleunigen wir durch unsere „Lebensart" und unsere unersättlichen Wünsche nach „Mehr" diesen schmerzhaften Prozess. Mit unseren heutigen Möglichkeiten der Weltraumforschung mit Hunderten von Satelliten im All haben wir sehr fundierte Erkenntnisse über das Dasein unseres blauen Planeten gewinnen können. Aber leider gehen diese Erkenntnisse nicht in die Köpfe der Politiker und auch nicht in die Hirne der Menschen, sonst hätten sie schon vor Jahren von der Sucht nach Mehr und Weiter und Schneller und Besser abgelassen. Kann der Mensch das überhaupt? Sind unsere Parteien in der Lage diesem Streben ein Ende zu setzen oder die Ansprüche wenigstens zu reduzieren? Politiker stehen kaum selber in der Verantwortung. Es ist wirklich eine besondere Kategorie Menschen, die sich in die Politik und damit in den Kampf um Macht und Geld einbringt. Politik vergewaltigt für mich die Moral, die Gerechtigkeit und die Wahrheit. Im aktuellen Wahlkampf im September 2021 werden uns diese Grundzüge mehr denn je präsentiert – dieses gegenseitige Bekämpfen und dann der Schulterschluss, wenn es um die Regierungsbeteiligung geht, sind unerträglich. Erst Feindbild, dann wird gekuschelt. Wem bzw. welcher Partei soll man unter solchen Vorzeichen das Vertrauen schenken? Ich sehe für mich weder eine Partei noch eine/einen Kanzlerkandidaten. Das betrifft auch den amtierenden Bundespräsidenten, der auch nur der Ableger seiner Partei (SPD) ist und sich in seinem Auftreten und seinem Redestil nicht aus dem Parteileben herauslösen kann. Er war zu lange Parteifunktionär!. Auch hier gilt: Das Sein prägt das Bewusstsein und das ideologische Umfeld bestimmt das eigene Ich.

Wer es einmal nach oben geschafft hat, möchte dort oben bleiben, denn es ist ein Platz, der in der Regel keine Verantwortung mehr nach sich zieht und wo man die Steuergelder der Bürger ohne jegliche Folgen auch für sich selbst verschwenden kann. Wer es einmal nach oben geschafft hat, muss für seine Entscheidungen nicht mehr die Basis kontaktieren. Wir sind demokratisch gewählt und vertreten die Interessen des Volkes – so schallt es ins Land. In der Regel vertreten die Politiker aber nur parteipolitische Interessen. In den Staaten mit Diktatoren an der Spitze ist das noch ausgeprägter. Unsere Politiker erhöhen sich die Diäten, während der Bürger in der Corona-Pandemie um seine Existenz kämpfen muss. Welch eine Arroganz, mit der argumentiert wird, und wenn es dann überhaupt nicht mehr weitergeht, wird die Verantwortung abgeschoben auf andere. Im Mai 2021 waren das historische Ereignisse, die der Gesundheitsminister Spahn gestartet hat, indem er nach langem Zögern endlich die organisierten niedergelassenen Ärzte in den Impfprozess einbezogen hat. Aber was soll man denn auch von einem Bankkaufmann erwarten. Das ist ja überhaupt das Problem: Eigentlich sind „oben" nur Juristen versammelt. Und diese müssen dann Millionen Euro (über 400) ausgeben für die vielen notwendigen Sachgutachten und Beraterverträge. Eine irre Situation – absolut paradox für den Normalbürger, zu dem ich mich selber auch rechne.

Zurück in meine Kindheit und Jugend

Nun wird es Zeit, dass ich mich wieder auf die Zeit meiner Ausbildung in den sechziger Jahren und meine Kindheit erinnere.
Da war ich bei den Vortragsfahrten mit meinem Vater stehen geblieben. Die Touren führten sehr oft in die Dörfer der Altmarkt.
Auf der Heimtour konnte ich im Scheinwerferlicht das Kopfstein-
pflaster bei nasser Straße aufleuchten sehen. Reizvoll war es im
Winter, wenn die hübschen weißen Kristalle vom Himmel fielen, die es heute schon nur noch so selten gibt. Für einen Jungen mit 14, 16 Jahren war das damals ein besonderes Erlebnis.

Mein Vater hat sich im Naturbund in Osterburg/Altmark engagiert. Er hat dann auch kleine Wanderhefte geschrieben. Die
Touren war ich mit meinem Vater zusammen alle abgefahren (bis
zu 90 km pro Tag). Das war toll und ich habe auf diese Weise
ein besonderes Verhältnis zu meiner Heimat gefunden. In den
ersten Jahren bin ich noch auf Vollgummireifen über das Kopf-
steinpflaster gefahren und auch später bis an die Elbe in den Ur-

Mein Vater an seinem Arbeitsplatz

laub. Mein Vater hat mich oft mit einem Lederriemen kilometerweit geschleppt. Nach mehr als sechzig Jahren radeln wir mit dem E-Bike durch die Lande, Tretroller alten Stils fahren mit Batteriestrom und Autos werden durch den Strom geräuschlos.

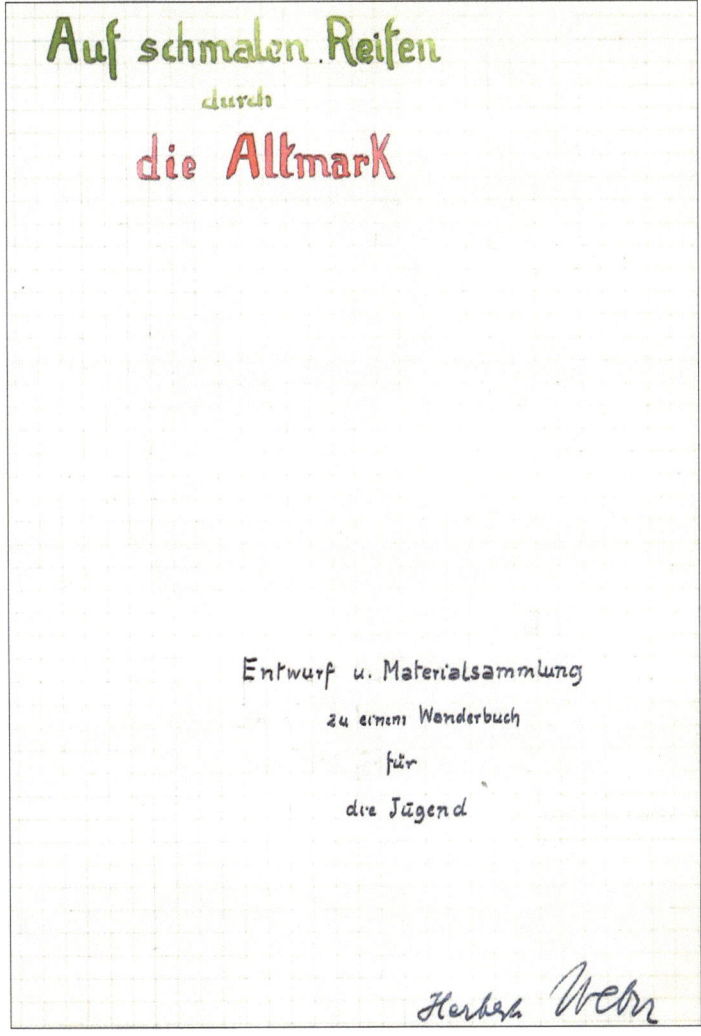

Buchentwurf

Nach Steinfeld u. Stendal,
eine Fahrt in die Vergangenheit

ACHTE RADWANDERUNG

Wo die Uchte fließt

Wegführung: Osterburg—Erxleben—Polkau — Rochau — Schinne — Steinfeld (21 km) — Ruine Rassau — Querstedt — Deetz — Deetzerwarthe (30 km) — Klinke — Seethen — durch die Heide — Höhe 94 — Quellgebiet der Uchte (44 km) — Börgitz — Staats — Kröpelwarthe — Wittenmoor — Feldweg oder Döllgrund nach Insel — Wahrburg — Stendal 56,5 km — Borstel — Gr.-Schwechten—Erxleben — Osterburg (92 km).

Fahrradwanderwege

48

Wer auch immer diese Zeilen lesen mag, wird erkennen, dass ich ein sehr inniges und tiefes Verhältnis zu meinen Eltern hatte. Und ich war nun mal ein sogenanntes Kriegskind – im damaligen Westberlin geboren (Berlin-Charlottenburg), dann aus Berlin nach Köslin zwangsweise mit der NAPOLA Spandau umgezogen und aus Vorpommern 1944 geflohen – meine Mutter mit meiner drei Jahre älteren Schwester und ich. Mein Vater war versetzt nach Burg/Ditmarschen und kam dann aus der englischen Besatzungszone nach vierstündiger Prüfung seiner Papiere und seines Lebenslaufes auf großen Umwegen zu uns – in den künftigen Osten. Die Siegermächte haben die Teilung Deutschlands vorgenommen – und weil der Osten von der russischen Verwaltung gesteuert wurde, hatten die Wunschsozialisten freie Hand für die Verfolgung ihrer Ziele. Es war nicht das Volk, das diese Entscheidung für zwei deutsche Staaten getroffen hat. Unter dem Versprechen eines neuen Deutschlands in Freiheit haben die Parteien ihre unaufhaltsamen Bahnen gezogen. Auch das gab es schon einmal, als die Nazis an die Macht kamen.

An die Flucht aus Köslin mit der Bahn kann ich mich noch sehr gut erinnern. Die Anstalt wurde bereits bombardiert, ich sehe noch das ausgebrannte Badezimmer im Obergeschoß, als wir nachts zurückkamen aus dem Schutzbunker. Wir flohen, als es brenzlig wurde, mit der Bahn. Man sah die vielen „Weihnachtsbäume" am Himmel, wenn man aus dem Fenster schaute. Ich habe einen Schuh verloren! Welch eine Katastrophe!

Unser Ziel war Osterburg in der Altmark, dort lebten die Eltern meiner Mutter. Sie wohnten in einem Haus gegenüber vom Bahnhof, in dem nun die ganze Familie Unterkunft suchte. Auf dem Fußboden haben wir geschlafen – sieben Personen in einem Zimmer. Meine Cousins sind baldigst in den anderen Teil Deutschlands gezogen, unter welchen Vorsätzen, weiß ich nicht. Aber hierdurch lebte der Großteil unserer Familie im Westen, was mir später beruflich zum großen Nachteil wurde.

Meine drei Jahre ältere Schwester Gisela und ich lebten glücklich und zufrieden in dem netten Städtchen Osterburg und freuten uns über die kleinen Geschenke zu Weihnachten und zum

Geburtstag: Zwei bis drei Meter Eisenbahnschienen mit Waggons ohne Lokomotive und wenn die Wagen rollen sollten, musste man eine kleine Rampe bauen für das notwendige Gefälle. Wenn man bedenkt, was die Kinder heute aus solchen Anlässen nicht nur an Elektronik geschenkt bekommen, fragt man sich in meinem Alter, wo das hinführen soll. Aber das ist normal, weil sich die Zeiten einfach drastisch verändert haben. Früher hatten viele nichts und wenige viel. Heute ist es umgekehrt: Viele haben viel und teilweise sehr viel, aber die Zahl derer, die nichts oder nur sehr wenig haben, nimmt leider auch ständig zu. Sie gehen aber im Dschungel der Reichen und Schönen unter, stehen am Rande der Gesellschaft und werden nur zu den Zeiten der Besinnlichkeit erwähnt und mit Geschenken getröstet, wobei die Geschenke nur Abfall aus steuerlich abzusetzenden Gewinnen sind und eigentlich für mich keine wirklichen Geschenke darstellen.

Unser Wohnhaus in Osterburg

Unser Wohnzimmer im Jahr 1966, in der Straße der Deutsch-Sowjetischen Freundschaft Nr. 6 in Osterburg/Altmark; in dem hinteren Raum haben wir 1945 mit 7 Personen gelebt. Hier lebten meine Großeltern, zu denen wir 1944 geflohen waren.

Wir hatten im Krieg alles verloren, aber wir waren gesund. Und im Haus meiner Großeltern hatten wir eine harmonische Kindheit. Osterburg war zunächst von den Amerikanern besetzt, wie ich mich erinnern kann. Dann wurden aber die Kriegsgebiete neu verteilt und wir wurden von den Russen übernommen. An die Amerikaner kann ich mich erinnern, weil wir Kinder Schokolade von den Soldaten bekommen haben. Mit dem Wechsel zu den Russen bekamen wir auch eine Einquartierung durch die russische Kommandatur. Ein Ferkel für die eigene Aufzucht mussten wir **schmerzhaft** abgeben an die Soldaten, die uns auch einmal mit ihrem Koppel im Hof jagten. Unsere Mutter hatte aber gute Versorgungsstrukturen zur Kommandatur aufgebaut mit Obst, Eingemachtem u.v.a.m und so mussten wir nicht sehr lange unter der Besatzung leiden. Die Kommandatur wurde später nach Stendal verlegt. Mutter hat auch dorthin noch „geliefert für – einen guten Zweck – nämlich zu unserem Wohlbefinden – wir bekamen keine neue Einquartierung. Manchmal muss man im Leben eben mit den Wölfen heulen. Ist es nicht heute – Ende August 2021 – auf der großen politischen Ebene ebenso? Geht es immer nur moralisch gerade und aufrecht? Oder müssen nicht im kleinen wie im großen politischen Leben mitunter doch „Verbiegungen" der Seele gemacht werden? Man nennt das Kompromiss und in der Politik Diplomatie.

Zurück nach dem Krieg

Lebensmittel gab es gegen Lebensmittelkarten. Es musste viel selber organisiert werden. Dazu gehörte auch eine „Spatzenfalle". Sie stand hinten im Hof, für die Spatzen gab es kein Entrinnen. Sie schmeckten für mich ganz furchtbar, ich werde das nie vergessen. Sie bestehen ja auch nur aus Haut und Knochen.

In den Jahren nach dem Krieg gab es keinen Luxus, kein Telefon, nur ein altes Radio, keinen Computer, kein Fernsehen (erst 1964). Aber es gab Bücher – viele Bücher, die wir als Kinder verschlungen haben. Abends unter der Bettdecke mit einer Taschenlampe habe ich heimlich gelesen, denn eigentlich war ja schon Schlafenszeit angesagt. Meine Schwester Gisela war drei Jahre älter als ich. Als sie zu Ausbildungszwecken (Medizin) das elterliche Haus verließ, konnte ich das Zimmer im oberen Stock in Beschlag nehmen. Ich hatte also mein eigenes Reich.

Gespielt habe ich auf dem Hof in Osterburg: Seilspringen, Brummkreisel, mit kleinen Kristalldetektoren habe ich versucht Töne aus dem „All" zu empfangen (Mini-Radioempfang). Anker- und Steinbaukästen waren das Highlight, später kamen Haustiere hinzu: Hühner, Enten, Kaninchen, Schweine – da gab es immer etwas zu tun, z. B. musste für die Enten Entengrütze gesammelt werden. Die Enten hatten eine große Zinkwanne, in der sie sich tummeln konnten.

Das Leben in Osterburg nach dem Krieg

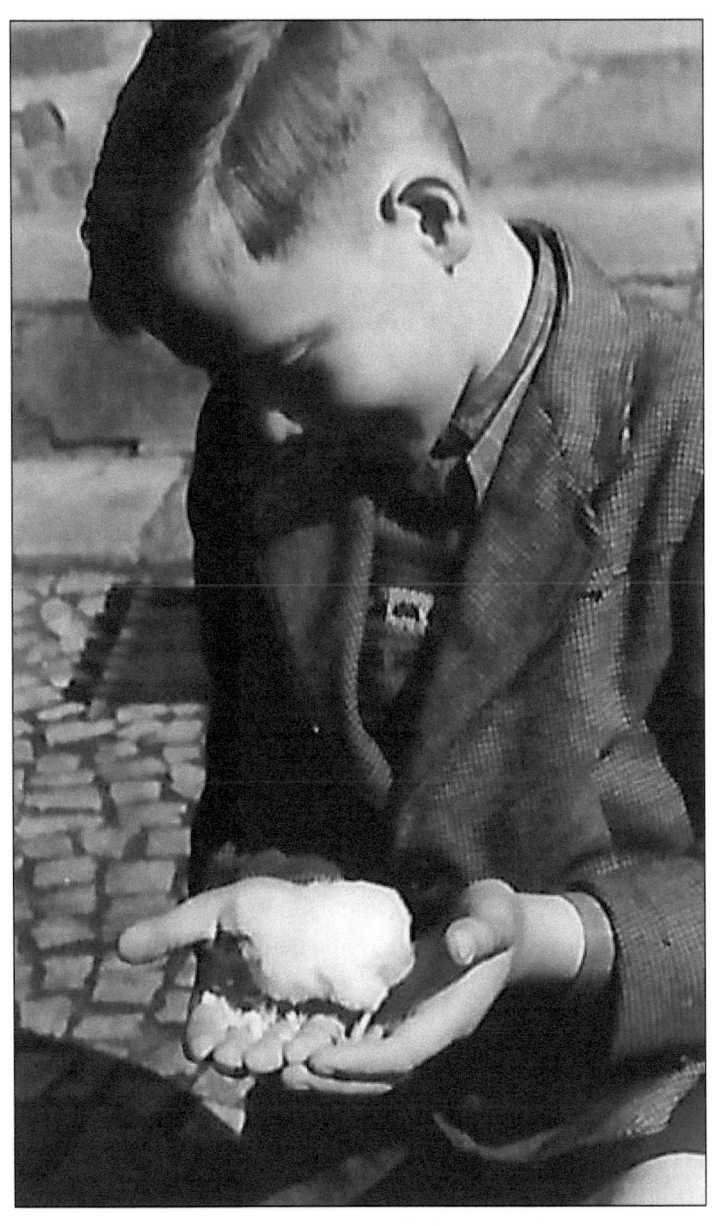

Und dann gab es den Acker – 1 Morgen Land – am Stadtrand
von Osterburg mit einem kleinen Teich am Ende des Flurstü-
ckes. Kartoffeln und Getreide wurde angebaut, Strohstiegen wurden auf Leiterwagen gestakt und dann in Osterburg am Hainberg gedroschen. Später gab es noch einen Garten hinter dem
Seggewiesenwall, in dem sich dann auch meine beiden Töchter
Grit – geboren 26.7.1965 an meinem Geburtstag – und Ines – geboren am 15.1.1967 – tummeln konnten. Mein Sohn Dirk wurde am 14. September 1968 geboren. Aus der heutigen Sicht war
ich leider kein vorbildlicher Vater, denn meine eigenen Interessen und Pflichten standen immer im Vordergrund – ich war
auch kein Familientyp, das merke ich heute noch, aber es liegt
sicher auch an der jeweiligen Partnerschaft und an der persönlichen wirtschaftlichen Situation – ich musste immer um meine
eigene Existenz kämpfen.

Meine Töchter Grit – rechts – und Ines im Garten meiner Mutter mit ihrer Mutter –
1968/1969?

In den Wiesen der Elbniederung war ich nicht nur mit meinem
Vater unterwegs und habe Pflanzen kennen gelernt, ich habe auch
in den kleinen Gräben und Tümpeln Stichlinge mit dem Käscher
gefangen und kleine Salamander und Kaulquappen.

Die Elbwiesen und die Wiesen um Osterburg waren im Winter
überflutet und wir hatten fast in jedem Jahr riesige Eisflächen, auf
denen wir Schlittschuh laufen konnten. Einmal war ich in einem
Graben eingebrochen und musste klitschnass nach Hause laufen,
wo ich dann als „Eismann" von meiner Mutter wieder aufgetaut
wurde. Die Osterburger Brauerei holte von den tiefgefrorenen
Eisflächen ihr Kühleis. Dazu wurden zunächst größere Eisflächen herausgeschnitten, auf denen wir dann spielten, und dann
wurde das Eis in Quader verkleinert und verladen und von klassischen Brauereipferden wurde der „Eiswagen" dann weggezo-
gen. Ja – so war das damals noch ohne elektronische Kühltechnik.

Mein Vater

Mein Vater

Den vielen botanischen Erklärungen meines Vaters auf unseren gemeinsamen Fahrradwanderungen verdanke ich sicherlich mein Interesse für die Natur und ihre Gesetze. Die Politik hat mich früher
überhaupt nicht interessiert. Auch nicht später in der Schule. Heute hingegen gehen die Jugendlichen auf die Straße und protestie-

ren freitags für eine lebensnahe Klimapolitik – Fridays for Future. Heute muss man sich aber auch mehr denn je für die ideologische Auseinandersetzung zwischen den machtsuchenden Parteien interessieren, denn die eigene Zukunft hängt von diesen Parteien und ihren Managern ab. Leider fehlen die klugen Köpfe an der Spitze dieser Parteien. Aber wie will denn auch eine Partei – CDU/CSU –, die nur 0,7 % der Menschen des Landes in sich vereinen kann, ein ganzes Volk von etwas über 80 Millionen in die Zukunft führen?!

(Mitgliederzahl 2020/2021 570.000 = 0,7 % der Gesamtbevölkerung).[1] 0,95% der Wahlberechtigten 2021.

Und durch den Zusammenschluss mit anderen Parteien wird es doch keineswegs besser?! In der Koalition mit der SPD mit derzeit 404.000 Mitgliedern erhöht sich der Anteil zur Gesamtbevölkerung nur auf 1,2 %! bzw. auf 1,62% der Wahlberechtigten.

Man muss sich einmal vergegenwärtigen, dass in der derzeitigen Regierung tatsächlich nur 1,6 Prozent unserer Gesamtbevölkerung vertreten sind, die aktiv die politische und wirtschaftliche Ausrichtung unseres Landes programmieren (CDU(CSU/SPD).

Und nur 28 bis 30 Prozent der Gesamtbevölkerung wählen diese 0,9-%-Anteile (CDU/CSU) der politisch aktiven Gesellschaft.

Darf da die Frage nach der Sinnhaftigkeit eines solchen Parteienmachtsystems gestellt werden? Fehlt da nicht die unendliche soziale und wirtschaftliche Vielschichtigkeit des Landes? Werden so wirklich alle Interessen vertreten? Sind diese Zahlen Ausdruck einer wirklichen Demokratie? Oder erfasst diese Tatsache nur ein total unterrepräsentiertes Bevölkerungspotenzial, weil das Interesse an der Politik einfach nicht da ist? Ich habe erst mit den Informationen in den Medien zur Wahl 2021 von den 32 anderen Interessengemeinschaften (Parteien??) neben den sechs großen Parteien gehört. Heute sind es wohl 41 an der Zahl? Spielen die kleinen Gruppen überhaupt eine politische Rolle? Sollten nicht doch Fachleute und nicht so viele Juristen die Zügel in die Hand nehmen? Und wäre nicht eine fachlich qualifi-

---

1 *Google-Mitgliederzahlen der Parteien 2020/2021*

zierte strukturärmere Regierung ohne so unendlich viele Untersuchungsausschüsse geeignet, der Bürokratie endlich den Kampf mit Taten anzusagen? Viele reden davon, niemand tut es tatsächlich. Ist das nicht eines der Grundprobleme für Veränderungen, geredet wird viel, getan viel zu wenig. Das wird auch nach der Wahl am 26.9.21 erneut so sein. Dieses nun folgende Schachern um Kooperationspartner dient ja nur der eigenen Machtposition.

Tabelle über die Mitgliederzahlen 2020/2021 aller Parteien.
CDU 430.000
CSU 140.000
SPD 404.000
Grüne 106.000
Linke 60.350
FDP 65.500
AFD 32.000
1.237.850,0
1.49 % der Gesamtbevölkerung sind politisch in Parteien organisiert
[1] Google-Mitgliederzahlen der Parteien 2020/2021

Das mit den Parteien war im System der DDR „unkomplizierter": Damals war das sehr einfach, denn es gab nur die eine „führende" Partei und Wählen war eine Pflichtveranstaltung und wen man zu wählen hatte, war auch vorbestimmt. Heute gibt es Alternativen und wir müssen uns entscheiden, welcher Partei wir Vertrauen schenken wollen. Leider gibt es keine alleinige Abstimmung über die politische Landesführung durch eine Basisentscheidung (Volksabstimmung). In Berlin gab es jetzt im September eine solche zum Thema Enteignung von Mietbesitzern. Fast 57 Prozent haben dafür gestimmt, um dem Mietwucher Einhalt zu gebieten. Aber wird die Politik diesen Volksentscheid auch wirklich umsetzen oder werden sich genügend gesetzliche und andere rechtliche Gründe finden, dies zu verhindern? Aber jede Gesellschaft entwickelt sich weiter, vielleicht sind ja auch die deutschen Politiker eines Tages für eine richtige Erneuerung bereit.

Zurück in meine Kindheit und Jugendzeit in Osterburg in der Altmark

Meine Schwester war Augenärztin in Dresden. Nach der Wende zog sie sehr schnell in ihre Zielideologie in den Westen und leider hat sich unser einstmals sehr inniges Geschwisterverhältnis seit Dezember 2000 ins Gegenteil gewandelt. Ein Erlebnis, dass ich bis heute nicht nachvollziehen kann. Auslöser war die Enterbung meiner Schwester durch meine nach einem Unfall im Alter von 95 Jahren verstorbene Mutter. Heute kann ich diese Entscheidung meiner Mutter allerdings verstehen.

Meine Schwester hat mir 2001 dann den Gerichtsvollzieher ins Haus geschickt. Welch ein Hass muss sich da im Kopf meiner Schwester verselbstständigt haben – aber so ist das Leben – auch in der Familie kann man nicht nur Erfreuliches erleben.

Mein Großvater (Vater meiner Mutter) war in Osterburg Studienrat. Er war der große Initiator für eine Sportanlage auf der „Bleiche" und er hat in Osterburg Tennisplätze anlegen lassen. Viele Jahre war auch für mich der Tennissport die tollste Freizeitbeschäftigung. Meine Mutter war noch mit über achtzig Jahren auf dem Platz aktiv. Mein Onkel Dankwart (Bruder meiner Mutter) war Pfarrer. Insbesondere über ihn wurden wir sehr christlich erzogen und es gab keinen Sonntag mit gemeinsamen Mittagessen, ohne dass vorher gebetet wurde. Seitens meiner Eltern lag die Orientierung aber mehr auf Weltoffenheit und Naturwissenschaft. Ich wurde aber regulär konfirmiert und zuvor nachträglich in Osterburg getauft. Die christliche Bindung habe ich später verloren – aber nicht bestimmte Lebensgrundsätze!

Meine Großeltern

```
                    T a u f s c h e i n .
                    ▪▪▪▪▪▪▪▪▪▪▪▪▪▪▪▪▪▪▪▪▪▪

        Auf Grund des Taufregisters der evangelischen Kirchengemein=
de  O s t e r b u r g , Jahrgang NF 1949, wird hierdurch pfarramt=
lich bescheinigt, dass
        J ü r g e n  Herbert  W e b e r ,
geboren am 26. Juli 1940 in Berlin, Sohn des Oberstudienrates
Herbert Weber und seiner Ehefrau Sieglind geb. Hergt, beide evangel.,
in Osterburg, Wilhelmstr. 6,
am 27. April 1949 in der evangel. St. Nikolai=Kirche zu Osterburg
durch den Unterzeichneten die Hl. Taufe empfangen hat.
Paten: 1. Frau Gertrud Willert geb. Hergt in Berlin  2. Pfarrer
Dankwart Hergt in Leiha  3. Studienrat i.R. Leonhard Hergt in Oster=
burg  4. Frau Ella Hergt geb. Gutstein in Osterburg.
Osterburg, den 27. April 1949.              Evangel. Pfarramt
                                                 Osterburg

                                            Superintendent a.D.
```

Mein Taufschein

Eine besondere Leidenschaft meinerseits war die Fotografie. Mit einer 6x9-Rollfilm- und später mit der 6x6-Spiegelreflexkamera habe ich die schönsten Erinnerungsfotos machen können, von denen ich auch in diesem Buch meines Lebens profitiere. Das hat einen riesigen Spaß gemacht: Das Badezimmer wurde verdunkelt und dann wurde der Film entwickelt und mit Tageslicht unter Zählen von 21, 22 dann die Bilder belichtet im Kontaktverfahren. Das Bild meiner Großeltern ist auch auf diesem Weg entstanden vor dem großen Kirschbaum im Hof des Grundstückes. Die Leidenschaft des Fotografierens habe ich in mein Berufsleben mitgenommen. Daher habe ich wohl auch so viele historische Dokumente.

Eines der schönsten Erlebnisse im Alter von acht Jahren war die „goldene Hochzeit" meiner Großeltern. Die ganze Familie war versammelt – zu der Zeit noch unkompliziert aus Ost und West. Inzwischen wird mein Enkel Benjamin neun Jahre – wie die Zeit rennt.

1.6.1948 in Osterburg/Altmark – „goldene Hochzeit" meiner Großeltern

An meine Grundschulzeit habe ich nur positive Erinnerungen. Die anschließende Zeit auf der Oberschule in Osterburg war eine besondere Zeit auch für die persönliche Entwicklung. Mein Vater durfte inzwischen wieder unterrichten und meine Mutter als gelernte Erzieherin hatte die Verantwortung für das Mädchenheim.

Die Oberschule im Hintergrund

65

Mikroskopieren in der AG

Das Mädchenheim

Den Familienurlaub haben wir damals schon auf dem Land an der Elbe auf einem Bauernhof verbracht (natürlich aus anderen Motiven als heute). Kuhstall ausmisten, Schweine füttern, mit der Schleppharke auf den Elbwiesen das Heu wenden – das waren damals schon tolle Erlebnisse. Mit amerikanischen Pontons haben wir zwischen den Buhnenköpfen auf der Elbe unseren Spaß gehabt. Nur die frisch gemolkene Kuhmilch habe ich nicht getrunken. Heute ist das Leben auf dem Bauernhof für Kinder ein Highlight. Und wenn die Eltern immer wüssten und auch daran denken würden, dass Kinder vom Bauernhof und Kinder mit viel Tierkontakten gesünder sind und ein gesünderes Immunsystem haben, würde das Urlaubsinteresse für einen Urlaub auf dem Lande noch weiter steigen.

Urlaub auf dem Bauernhof an der Elbe

Unsere Gastgeberfamilie

Im Hintergrund die Elbe mit ihren Buhnen. ca. 1948/1949

Alles in allem war ich in der Kinder- und Jugendzeit völlig frei und ungezwungen aufgewachsen. Das war Freiheit ohne Grenzen. Eine besondere Zeit war immer das Zeltferienlager in Dranske auf der Insel Rügen an der Ostsee in der 11. und 12. Klasse. Das sogenannte Vorkommando zum Aufbau des Lagers war das reizvollste Erlebnis. Angefangen haben wir mit großen Zeltplanen aus Quedlinburg, später gab es auch klassische kleine und große Zelte. Geschlafen haben wir auf Stroh. Damals durften wir noch oben auf dem offenen LKW mitfahren (H3A). Wir haben einfach auf der Abdeckplane gesessen.

1957: Zeltlager in Dranske auf Rügen an der Ostsee – 1957/1958

Ideologische Vorgaben gab es zu der Zeit für uns nicht, die kamen erst ab der 11. und 12. Klasse, aber davon weiß ich heute schon gar nichts mehr. Und die Zeit der Pioniere in der Grundschule und später die Zeit in der FDJ in der Oberschule haben kaum nachhaltige ideologische Impressionen hinterlassen. Das war damals in meiner Erfahrung alles sehr entkrampft, die Massenauftritte z. B. von der FDJ gab es, glaube ich, erst nach meiner Zeit, denn ich selber habe so etwas nie mitmachen müssen. Uns hat es aber Spaß gemacht, in einer Gemeinschaft etwas zu gestalten und zu erleben. Und dafür spielten die Personen, die uns umgaben und die für uns Vorbild waren eine entscheidende Rolle. Das war unsere und meine Prägung – das Sein prägt das Bewusstsein! Wir waren als Jugendliche politisch ungebunden und hatten noch keine Klassenkampfgefühle in uns entwickelt. Das wurde uns erst sehr viel später eingetrichtert, dass wir den Klassenfeind erkennen und bekämpfen müssen und als Schutz vor deren Ideologie war ja auch das Westfernsehen verboten! Ich habe selber auf dem Dach unsere Antenne immer in die „richtige Richtung" gedreht. Man kann sich gar nicht mehr vorstellen, dass wir in den sechziger Jahren die Fensterladen geschlossen haben, damit man im Zimmer nicht sehen konnte, dass wir den „falschen" Sender hatten!! Ja, das war wirklich eine totale ideologische Bevormundung! In der Oberschule habe ich in den Arbeitsgemeinschaften Biologie, Chemie und Fotografie mit großem Interesse mitgearbeitet. Leichtathletik war gleichermaßen eine tolle Freizeitbeschäftigung, die durch regionale Wettbewerbe besonders reizvoll war.

Es gab noch ein anderes Großerlebnis in der Oberschulzeit, dass mich beinahe auf eine Schauspielschule geführt hätte: Die 1000-Jahrfeier des Dorfes Krevese in der Nähe von Osterburg im Jahr 1956. Auf einem Pferd reitend durfte ich den Festzug hoch zu Roß anführen und dann auch noch eine flammende Rede zur Geschichte des Dorfes halten.

Der Autor als Herold auf der 1000-Jahrfeier des Dorfes Krevese bei Osterburg – 1957

In der GST (Gesellschaft für Sport und Technik) habe ich mich
mit viel Vergnügen engagiert – nicht aus politischen Gründen, sondern weil es einfach Freude bereitet hat. Aber heute wird uns das
von Historikern völlig anders interpretiert und vorgehalten, dabei
sind sie überhaupt nicht dabei gewesen! Ich kann diese kritiklose

Darstellung unseres Ost-Lebens aus fremder Hand bis heute nicht akzeptieren. Haben wir in dieser Zeit gelebt und gearbeitet oder die Moralisten und Besserwisser? Auch die großen Politikwissenschaftler der heutigen Zeit können nicht aus dem eigenen Erleben ihr Urteil bilden. Es gibt keine wirklich objektiven, alles umfassende Tiefenprüfungen. Jeder erlebt auch politische Systeme in völlig unterschiedlicher Weise, weil sein persönliches Umfeld, seine soziale Integration in das System und seine persönliche Verantwortung maßgeblich die eigene Moral bestimmen. Das sieht man auch in den kontroversen Beurteilungen von sogenannten SED-Opfern. Sie haben leider völlig andere Erfahrungen gesammelt, aber auch hier müsste man mehr differenzieren. „Alles war schlecht" kann es einfach nicht geben und ist auch einfach nicht wahr!! Und die Politiker von heute werden auch erst in späteren Generationen neu beurteilt werden, weil ihre heute vertretenen Ideologien in weiteren fünfzig bis hundert Jahren ebenso überholt sein werden.

„Jedem alles recht getan ist eine Kunst, die keiner kann" – das gilt auch für die Bunderepublik Deutschland – aber es gibt hier in der Tat eine Freiheit der Gedanken und des Wortes und nur deshalb kann ich diese Erlebnisse und Einschätzungen meines Lebens niederschreiben, ohne Regressionen wegen kritischer Bemerkungen zum politischen System befürchten zu müssen.

In der GST konnte ich meine Fahrerlaubnis machen (Klasse 1 und 5), konnte Motorrad fahren (RT 125 und AWO 250) und vieles andere mehr. Politische Schulungen hatten wir nicht, aber wir konnten mit dem Kleinkalibergewehr schießen – entgegen allen Beteuerungen, dass ein Deutscher nie wieder eine Waffe in die Hand nehmen sollte! Welchem Jungen hat das keinen Spaß gemacht? Herr Guse (Ehemann meiner Deutschlehrerin und Leiter des Jungsheimes) hat uns mit sehr viel Leidenschaft in der GST die Freizeit gestaltet. Nur zum Thema Armeedienst wurde es obligatorisch: Wer studieren wollte, musste den sogenannten Ehrendienst in der NVA „freiwillig" ableisten. Das haben wir dann auch getan (1958–1960) und es hat uns überhaupt nicht geschadet.

Ich denke auch an diese Zeit gerne zurück.

Gefreiter in der NVA

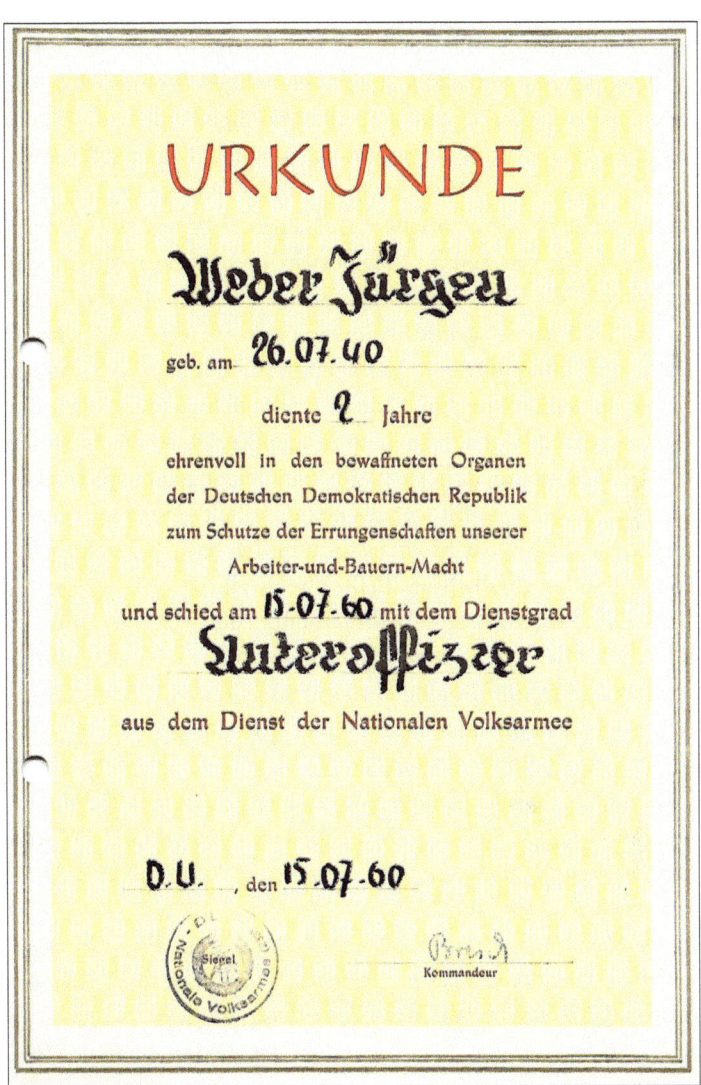

URKUNDE

Weber Jürgen

geb. am 26.07.40

diente 2 Jahre

ehrenvoll in den bewaffneten Organen
der Deutschen Demokratischen Republik
zum Schutze der Errungenschaften unserer
Arbeiter-und-Bauern-Macht

und schied am 15.07.60 mit dem Dienstgrad

Unteroffizier

aus dem Dienst der Nationalen Volksarmee

D.U. , den 15.07.60

Siegel
Nationale Volksarmee

Kommandeur

Entlassung aus der NVA 1960

Disziplin, Ordnung, Kameradschaft – großartige moralische Grundverhaltensregeln wurden uns von ehemaligen Wehrmachtsoffizieren eingetrichtert. Und wer nicht Disziplin im Zug auf dem Weg zur Essensnahme zeigte, musste über den Exerzierplatz robben: In der rechten Hand die Tasse, in der linken Hand das Geschirr, vielleicht auch umgekehrt. Da gab es keine Diskussionen und die Beine mussten im Exerzierschritt gestreckt richtig hochkommen!! Ich sehe unseren Hauptmann mit großer stattlicher Statur noch heute vorbildlich exerzieren – gelernt war gelernt! Dieses Prozedere wurde später korrigiert, weil man sich von der Tradition der Wehrmacht trennen wollte. Ich möchte damit nur klarmachen, dass ich in meinen jungen Lebensjahren wirklich von allen Seiten nicht hätte besser die Orientierung für das Leben finden können: Elternhaus mit Kindheit – Schulzeit – Armeezeit und dann das Medizinstudium. Ich hatte die anspruchsvollsten und vorbildlichsten Lehrer, vorbildliche Offiziere in der Armee und die tollsten Hochschullehrer der sechziger Jahre in Rostock. Mir waren Neid, Missgunst, Unehrlichkeit und materielle Gier fremd. In meinem Umfeld galten Hilfsbereitschaft, Achtung vor dem anderen und selber Vorbild sein.

Meine mich prägenden Lehrer: Prof. Friedel-Lostau, OMR DR. G. Schoefer-Vogelsang, Chefarzt Dr. Eckert-Innere Burg, OMR Dr. Röse und Chefarzt Dr. Vinz Burg, Prof. Berge und Frau Prof. Pohl Medizin. Akadem. Magdeburg.
Meine Hochschullehrer in Rostock: Prof. Dr. Schmitt, Prof. Dr. Bückner; Prof. Bast, Prof. Bienengräber, Prof. Dr. Kyank, Prof. Schumacher, Prof. Dr. Kiene, Prof. Dr. Gläser-Leipzig.
In Berlin: Prof. Dr. Dr. Tanneberger, Prof. Dr. Widow, Prof Dr. Marx.

Diese Prämissen sind mir trotz aller Widrigkeiten des späteren Lebens bis heute erhalten geblieben. Ich glaube es jedenfalls. Meine Patienten profitieren heute noch davon, weil mein ärztliches Handeln immer von diesen humanistischen Grundsätzen geprägt war. Dass sich in diese Arzt-Patient-Beziehung dann nach der Wende ein brutaler Bruch durch wirtschaftliche Prämissen vollzogen hat, lag und liegt außerhalb meines Einflussbereiches. Dieses zwischen Arzt und Patient besondere und sehr intime Vertrauensverhältnis läuft unbewusst ab, und die Fähigkeit, sich dem Patienten und seinen Sorgen total zu öffnen, zeichnet den eigentlichen Arzt aus. Dies ist keineswegs die Norm!!

In der zur Zeit – 2021 – laufenden Serie im ZDF „Der Bergdoktor" – wird dieses Arztsein in seiner idealsten Gestaltung präsentiert. Welch ein Traum, den man sofort übernehmen möchte: Private Praxis – nur wenige auserlesene Patienten – alle Möglichkeiten einer kompletten Diagnostik durch tiefe Integration in ein modernes Krankenhaus – keine übergeordnete kassenärztliche Vereinigung (zumindest erkennt man sie nicht), Diagnosen und Befunde sowie Labordaten kommen direkt auf das Handy des Bergdoktors – welch ein unglaublicher Vorteil – und das Ganze in einer der schönsten Landschaften Europas, in der der „Wilde Kaiser" auch als Gaststätte zum Symbolbild wird.

Heute findet man leider zunehmend eine völlig andere Orientierung, die sich nur noch nach den wirtschaftlichen Zielstellungen der Praxis oder des Krankenhauses richtet. Ich hatte in der Kindheit und später in den ersten Jahren der praktischen Ausbildung im Krankenhaus sehr ehrwürdige Ärzte – Lungenärzte, Internisten, Chirurgen, Gynäkologen – von denen eine Ausstrahlung ausging, die alleine schon großes Vertrauen auslöste. Dankbar bin ich dafür, dies so erlebt zu haben. Und es waren auch die beinahe freundschaftlichen Beziehungen zwischen den Schwestern und Pflegern der Stationen im Krankenhaus, die für eine vertrauensvolle Arbeit mit den Patienten ein hohes Wertgefühl darstellten.

Ich schildere diese äußeren Bedingungen meines Lebensweges so ausführlich, damit der Leser verstehen und nachvollziehen kann, dass ich in einer für mich heilen Welt groß wurde. Es war mir nicht gegeben, einem Menschen mir gegenüber zu misstrauen. Wer denkt schon Schlechtes, wenn einem eigentlich Gutes getan werden soll?

Die Vor- und Nachwendezeit

Ich komme nun zu einem wesentlichen Anliegen meines Schreibens darzulegen, wie es für mich in diesen Vor- und Nachwendezeiten persönlich war.

Hierzu müssen wir die Zeit wieder zurückdrehen bis in die Jahre 1960 bis 1966: Mein Medizinstudium an der Universität Rostock. Im Vorphysikum war ich einmal durchgefallen mit dem Citronensäurezyklus. Ansonsten habe ich alle Prüfungen immer geschafft und das Staatsexamen mit der Note gut absolviert. Danach Pflichtassistenzzeit in der Lungenheilstätte Vogelsang/Gommern, im KH Burg bei Magdeburg, dann Facharztausbildung zunächst zum Lungenfacharzt mit späterer Umwandlung zum FA Chirurgie und Weiterbildung in der Medizinischen Akademie Magdeburg, dann als Facharzt in der Lungenchirurgie Vogelsang als Stationsarzt, später Oberarzt der Funktionsabteilung.

In Vogelsang wurde mein großes Interesse für die „Lunge" geweckt. Dies hing auch mit der Erkrankung meines Vaters an Lungenkrebs zusammen – ich hatte das schon erwähnt. Die Lungenklinik in Vogelsang/Gommern war chirurgisch geprägt und die kavernöse Tuberkulose spielte durchaus noch eine große Rolle. Nicht ausheilende Kavernen und nicht schrumpfende Hohlräume, die sich später mit Aspergillus besiedelten, waren neben dem Lungenkrebs die Hauptindikationen für einen operativen Eingriff. Aber auch die Thorakoplastiken – zu meiner Zeit bereits in Intubationsnarkose mit dem Doppellumentubus nach Carlens – forderten die Chirurgen und auch die Narkoseärzte heraus. Den Facharzt für Anästhesie gab es damals noch nicht, die Lungendoktors beherrschten nicht nur die Technik der Intubation, sondern auch die Führung der Narkose. Ich habe in dieser Zeit unbeschreiblich viel gesehen, erlebt und in mein Wissen verankert bis heute. Ich weiß nicht, was mich mehr fasziniert hat: Die Resektion eines ganzen Lungenflügels oder die subperiostale Rippenresektion im Rahmen einer Plastik. Die Resektion der 2. bis 7. Rippe (Hellersche Jalousieplastik) war ein Standardeingriff, dann fielen die Weichteile zusammen und komprimierten das Lungengewebe – es kam zu einem partiellen Kollaps mit dem Ziel der Ausheilung von Kavernen. Durch die Erhaltung des Rippenperiostes kam es zu einer bescheidenen Rippenregeneration und damit wieder zu einer „Stabilität" der Brustwand. Die funktionellen Folgen und die ästhetischen den Körper deformierenden Veränderungen waren gravierend! Insbesondere die Wirbelsäulenverformungen waren nicht unerheblich und die Kompression der Lunge bedeutete die Gefahr eines Cor pulmonale (Rechtsherzbelastung). Ein Problem damals war das Nahtmaterial (Catgut), es gab sehr häufig sogenannte Fadenfisteln in den Weichteilen, aber auch Heilungsprobleme am Bronchusstumpf. Letzteres bedeutete für den Patienten und den Arzt eine große Belastung in der Frage der Geduld für die Maßnahmen zur Beherrschung dieser schwerwiegenden Komplikation.

Die gängige Untersuchung zur Sicherung einer solchen Komplikation war die starre Bronchoskopie. Sie wurde in Narkose und in Beatmungstechnik – nach Friedel – vorgenommen; mit starren Optiken musste man arbeiten, Videotechnik gab es noch nicht und schon gar nicht die flexible Bronchoskopie. Und es gab auch noch keine Klebetechniken, z. B. mit Tissucoll. Mitte bis Ende der achtziger Jahre kam diese Technik auf den Markt, für uns im Osten Deutschlands war eine solche Technik zur Beherrschung flächenhafter Blutungen im Brustkorb erst mit der Wende Realität. Zusammen mit Prof. Kaiser aus Berlin haben wir 1990 zu diesem Thema gemeinsam eine Tagung in Leipzig organisiert.

EINLADUNG

Symposium

„Fibrinklebung in der Thoraxchirurgie und Pneumologie"
(mit praktischen Übungen)

Leipzig, den 15./16. November 1990

Wissenschaftliche Leitung:
Doz. Dr. sc. med. J. Weber, Zschadraß
Prof. Dr. med. D. Kaiser, Berlin

Symposium Fibrinklebung in der Thoraxchirurgie 1990 in Leipzig

Die Lungenheilstätte Vogelsang war also die Wiege meines Lebens in der Lungenheilkunde und in der klassischen Lungenchirurgie. Meinem Lehrer und Freund OMR Dr. G. Schoefer bin ich bis heute dankbar für die Zeit des Aufbruchs in der Lungenheilkunde und Lungenchirurgie.

Die Lehr- und Lebenszeit in Vogelsang/Gommern war auch privat von besonderer Bedeutung. Ich war zu der Zeit bereits verheiratet und hatte zwei Töchter – Grit und Ines. Mein Sohn Dirk

wurde 1968 geboren. Ich bekam als Pflichtassistent – 1966/1967 –
eine große Neubauwohnung mit Fernheizung. Die Wohnung bestand aus zwei Wohnungseinheiten, wodurch wir ein sehr großes
Wohnzimmer hatten. Die Kinder konnten in den Kindergarten
gehen, der gleich hinter dem Wohnhaus war. Meine Frau war in
Ausbildung zur Internistin auch in Vogelsang angestellt und hat
sich später infolge von Umstrukturierungen im Gesundheitswesen für die Ausbildung in der Rheumatologie entschieden, die in
Vogelsang 1969 bis 1995 unter der Leitung von Prof. Keitel stand.

Erste konzeptionelle Entwicklungen für eine Chirurgie der
Trachea mit meinem damaligen Chef OMR Dr. G. Schoefer, die
Entwicklung der parasternalen Mediastinal- und Lungenbiopsie
und die operative Behandlung von extrahiatalen Zwerchfellhernien
(s. o.), waren einige der Schwerpunkte der fachlichen Tätigkeiten
neben der Routine in der Versorgung der Patienten mit Kavernen und ihren Fensterungen. Aber getrieben vom Wunsch nach
noch mehr Möglichkeiten und Erfahrungen in der großen Thoraxchirurgie war ich ab 1976 in der Robert-Rössle-Klinik Berlin-
Buch nun als Facharzt für Thoraxchirurgie tätig, der inzwischen
die bürokratischen Hürden der Anerkennung überstanden hatte.

In die Rössle-Klinik (Zentralinstitut für Krebsforschung der
DDR) hatte mich Prof. Widow geholt. Wir hatten uns auf Tagungen zum Thema Bronchialkarzinom kennen und schätzen
gelernt. Prof. Widow war Pathologe am Institut und war spezialisiert auf das Thema Bronchialkarzinom. Ich war dann als Facharzt Assistenzarzt auf der Wachstation, die unter der Leitung von
Dr. Wilhelm stand. Im operativen Dienst war ich nach „Testope-
rationen" unter Assistenz von Prof. Marx nach erfolgreichem Bestand dann verantwortlich für die Lungenchirurgie. Damals habe
ich den Vorteil dieser Tätigkeitskombination noch nicht erkennen können. Erst später in Zschadraß habe ich die Erfahrungen
aus der Nachbehandlung von Patienten mit einer großen Operation wie Pneumonektomien oder Oesophagusresektionen usw.
sehr schätzen gelernt. Durch die komplexen Behandlungsmög-
lichkeiten habe ich auch sehr viel Wissen rund um Tumorerkran-
kungen speichern können. Auf einer Arbeitstagung in Berlin hat

mich dann OMR Dr. Anstett angesprochen, ob ich denn nicht Lust hätte, die Klinik in Zschadraß zu übernehmen. Dem konnte ich nicht widerstehen und nach einem Kurzbesuch in Zschadraß habe ich mich dann dieser Aufgabe gestellt und wurde mit 01. September 1977 als Chefarzt der Lungenklinik Zschadraß berufen.

BERUFUNGS-URKUNDE

Mit Wirkung vom **1. September 1977**

berufe ich

Herrn Dr. med. J. Weber
geb. am 26. Juli 1940
Titel, akademischer Grad, Name, Geburtsdatum

zum

Chefarzt der Klinik für Lungenkrankheiten
Funktion

Ich gebe der Erwartung Ausdruck, daß die mit dieser Berufung
in eine leitende Funktion des Gesundheits- und Sozialwesens
der Deutschen Demokratischen Republik
übertragenen fachlichen und gesellschaftlichen Aufgaben
mit hohem politischen Verantwortungsbewußtsein erfüllt werden.
Die Berufung wird auf der Grundlage der Verordnung vom
15. Juni 1961 über das Verfahren bei der Berufung und Abberufung
von Werktätigen (Gesetzblatt II Nr. 38 Seite 235) vollzogen.

Grimma den **1.9.** 1977

Dr. B. Müller
UNTERSCHRIFT
Mitglied des Rates
des Kreises Grimma
Kreisarzt

Berufungsurkunde zum Chefarzt der Lungenklinik Zschadraß

„… Ich gebe der Erwartung Ausdruck, daß die mit dieser Berufung in eine leitende Funktion des Gesundheits- und Sozialwesens der Deutschen Demokratischen Republik übertragenen fachlichen und gesellschaftlichen Aufgaben mit hohem politischen Verantwortungsbewußtsein erfüllt werden". gez. Dr. B. M., Mitglied des Rates des Kreises Grimma

Die Bedeutung dieser Texteinlage wird mir heute erst bewusst, ich habe sie, so erinnere ich mich, früher auch nie gelesen, denn vor mir stand die schönste, aber auch größte Herausforderung meiner beruflichen Laufbahn. Die Klinik hatte 475 Betten inkl. einer Station für offene Lungentuberkulose und sie hatte vor allem eine große chirurgische Abteilung. Mein Vorgänger – OMR Dr. Anstett – hatte diese Klinik Jahrzehnte geprägt und landesweit bekannt gemacht. In dieser Zeit waren Berlin-Buch, Lungenheilstätte Beelitz, Zentralklinik Bad-Berka und die Heilstätte Coswig zusammen mit Zschadraß die großen Leitbilder in der Behandlung von Lungenkrankheiten in der DDR. In Beelitz gab es ein großes Rechenzentrum mit Rechnern, die damals den Raum füllten. In diesem Rechenzentrum konnte ich später meine Habilarbeit und andere wissenschaftliche Daten statistisch sichern lassen.

Ja, das war schon eigenartig: Die erste Ausbildung in der Lungenchirurgie habe ich von Lungenärzten erfahren! Nicht von Chirurgen! Auch das ist eine besondere Geschichte in meiner Lebens- und Berufswelt. Die Lungenärzte in den chirurgisch orientierten Lungenheilstätten waren die Könner auf diesem Gebiet. Ich habe von diesen alterfahrenen Lungenchirurgen auch noch die Technik der klassischen Segmentresektion erlernt! Und die Techniken der Thorakoplastiken im Rahmen der Kollapstherapie der Lungentuberkulose. Kann das heute überhaupt noch ein Chirurg?? Ich fürchte nein, denn es dürfte heute nahezu keine Indikationen mehr geben für einen solch letztlich verstümmelnden Eingriff. An der Lunge macht man heute statt der alten klassischen Segementresektion schnell mal die maschinelle Keilresektion (damals UKL), als mühsam durch die Segmentgrenzen zu präparieren. Eine beeindruckende Technik. Als ich sie das erste Mal gesehen habe, war ich fasziniert und bin es eigentlich noch heute.

Die Übernahme der Lungenklinik Zschadraß (später Thoraxklinik Zschadraß) als Chefarzt war eine besondere Herausforderung. Ich hatte zwar inzwischen eine relativ große Erfahrung in der Lungen- bzw. späteren Thoraxchirurgie, vor allem durch meine langjährige Tätigkeit in Vogelsang und dann in der Rössle-Klinik, aber die Vielschichtigkeit der Diagnostik und Therapie von Lungenerkrankungen war mir in dem geforderten Umfang nicht geläufig. Ehrwürdige, sehr erfahrene, schon etwas ältere Lungenärzte standen mir so einzigartig an der Seite, dass ich bald festen Boden unter den Füßen gewann.

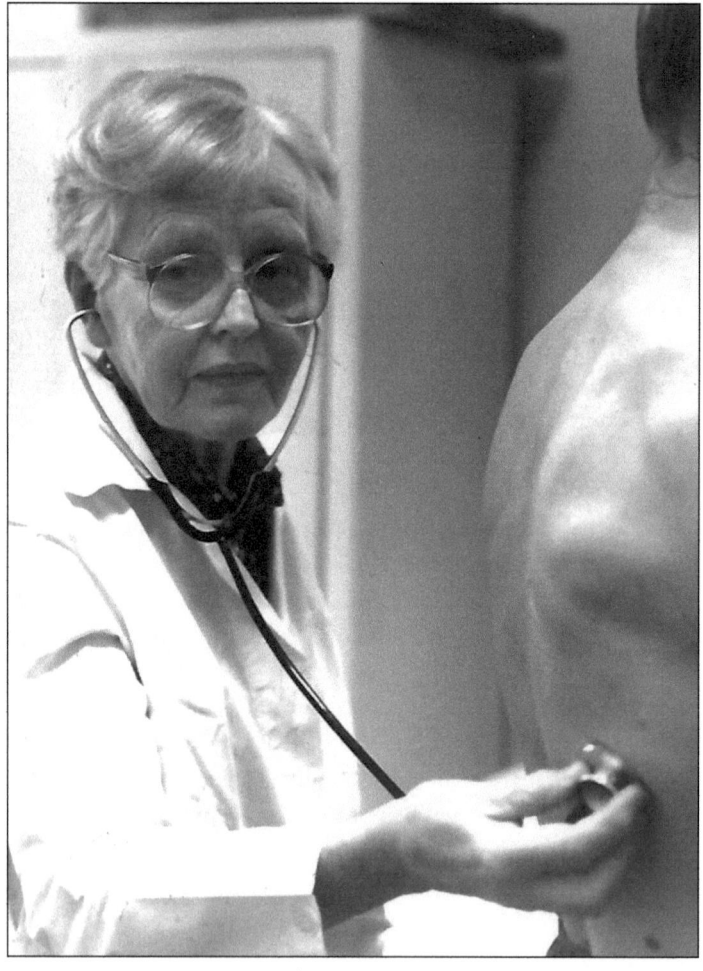

Frau und Herr Oberarzt Dr. Ermisch – Ärzte alten Stils (verst.)

Frau und Herr Oberarzt Dr. Ermisch – Ärzte alten Stils (verst.)

Familie Oberarzt Dr. Ermisch (verst.) verehre ich heute noch und bedanke mich für ihren beinahe väterlichen Beistand, ohne den ich diese riesige Aufgabe ganz sicher nicht so schadensfrei bewältigt hätte. Es waren Ärzte, zu denen man ehrfürchtig aufschaute – da war auch noch diese unbeschreibliche Liebe zum Arztberuf zu spüren und die Verantwortung gegenüber den Patienten ohne Zeitdruck in der Gesprächsführung und/oder Therapiebesprechung und sie hatten ein unglaubliches Wissen und unendliche Erfahrung und sie hatten Geduld! Zschadraß wurde nun für mich zu einer Traumwelt für wissenschaftliche Arbeiten.

Lageplan der Kliniken Zschadraß

Haus 36, Bereich Chirurgie der damaligen Lungenklinik 1989

Thoraxchirurgie der Kliniken Zschadraß – 1991

Die Klinik war das Zentrum für die Behandlung der vielen Wismut-Bergleute, besonders für Lungenkrebskranke, aber auch andere, und war allein schon hierdurch für viele gesellschaftliche und politische Organisationen mehr als interessant.

In der Zeit in Zschadraß habe ich mich sehr um Qualifikationen und Weiterbildungen auf den verschiedensten Gebieten bemüht und mein Wissen dann auch weitergegeben.

Vorträge bis 1992: Auf dem Gebiet der Thoraxchirurgie: 89
Publikationen bis 1992 auf dem Gebiet der Thoraxchirurgie: 34

Buchbeiträge:
Klinische Pathologie der Geschwülste: Haupt/Weber; Stand vor dem Abschluss; durch die Wende nicht mehr gedruckt
Chirurgie der Infektionen, Chirurgie der thorakalen Infektionen, 3. Auflage; Herausgeber Schmidt/Kiene Barth-Verlag 1991

Organisatorische und wissenschaftliche Leitung von Symposien/ Tagungen – auch international: 8
Weiterbildungen und Tagungen direkt in Zschadraß: 3
Tagungsvorsitze: 4
Rundtischgesprächsteilnahme: 3
Betreuung von Doktoranden mit eigener Themenstellung: 9

Meine wissenschaftlichen Qualifikationen:

01.9.1986: Habilitation an der Uni Leipzig zum Thema: Der Einfluss der Lymphadenektomie auf die Überlebensprognose operierter Bronchialkarzinompatienten.
01.2.1989: Lehrbefähigung
01.2.1989: Honorardozent für Thoraxchirurgie Uni Leipzig
1990 und 1991: Fakultative Vorlesungen Thoraxchirurgie Uni Leipzig
18.10.1991: Mitbegründer der DGT: Deutsche Gesellschaft für Thoraxchirurgie
1992: Hauptvorlesung Thoraxchirurgie an der Uni Leipzig

Schwerpunkte meiner Tätigkeit als Chefarzt der Lungenklinik und späteren Thoraxklinik Zschadraß:

- Aufbau einer zytologischen und Schnellschnittdiagnostik präoperativ in der Bronchologie und intraoperativ in der Karzinomdiagnostik und Metastasen in Kooperation mit dem Zyto-Labor Grimma.
- Entwicklung der Chirurgie der Trachea (begonnen in Vogelsang zusammen mit meinem Lehrer Schoefer)
- Einführung der Sleeve-Pneumonektomie in die Karzinomchirurgie
- Einführung der thorakalen Lymphadenektomie
- Systematisierung der Chirurgie der Lungenmetastasen
- Ausbau der septischen Chirurgie (Abszesse, Empyeme)
- Qualifizierung der thorakalen Diagnostik inkl. Endoskopie (diagnostische und therapeutische Lungenlavage)
- Einführung endobronchialer Behandlungen: Stenteinlagen, Fibrinklebungen
- Einführung der Jet-Ventilation in der Bronchologie und Anästhesie zusammen mit Dr. Dörfel und Dr. Thomalla von der Anästhesieabteilung
- Einführung der endobronchialen Lasertherapie 1992
- Systematisierung der zytostatischen Therapie
- Integration der Klinik in die thorakale Notfallbehandlung
- Einführung der Datenverarbeitung in der Klinik und Entwicklung einer klinikspezifischen EDV-Dokumentation bis hin zu EDV-Entlassungsberichten für den ICD-Schlüssel 162
- Auf- und Ausbau der Tumornachsorge
- Entwicklung der Klinik zu einem Aus- und Weiterbildungszentrum: Thoraxchirurgie/Thoraxanästhesie/Pulmologie

Eine besondere Spezialisierung meinerseits war die Chirurgie der Trachea. Sie hatte in Deutschland ihren eigentlichen Ursprung in Vogelsang und ich habe sie dann in Zschadraß zur Perfektion entwickelt. Die entscheidenden fachlichen Impulse kamen von Prof. Perelmann aus Moskau, der damals schon über hundert solcher Eingriffe berichten konnte. Diese Chirurgie war notwendig geworden, weil zur damaligen Zeit Langzeitintubationen und Tracheotomien (Luftröhrenschnitt) aufgrund der Materialien und der Manschettendrucke viele Stenosen der Atemwege entstanden, die zu einer bedrohlichen Situation für die Patienten führten. Schleimhaut und Knorpel erlitten eine Drucknekrose, die sich durch Vernarbung dann zu einer Stenose entwickelte. Es waren extrem spannende Operation, denn es kam unter anderem auch auf die sehr enge Kooperation mit dem Anästhesisten an. Bis zu 6 cm der Luftröhre kann man mit einer spezialisierten Operationstechnik resezieren und eine End-zu End-Anastomose herstellen. Nach der Wende hat sich dann ein ehemaliger Oberarzt von mir mit den Lorbeeren der Tracheachirurgie als seine persönliche Leistung geschmückt. So sind die Menschen.

Am 15.8.1996 konnte ich einen Patienten mit einem adenoidzystischem Karzinom der distalen Trachea mit Übergang in den linken Hauptbronchus erfolgreich operieren. Es war eine aufwendige und risikoreiche Operation, den linken Hauptbronchus haben wir mit einem Blasenkatheter steril über das Operationsfeld intubiert und die rechte Lunge wurde mit einer intermittierenden Jet-Ventilation beatmet. Der postoperative Verlauf war nicht unkompliziert, u. a mussten wir einen Stent in den rechten Hauptbronchus einlegen wegen einer beginnenden Stenose. Aber der Patient wusste um die Probleme und hat alles sehr gut mitgemacht und toleriert. Nach zehn Jahren hat er ein lokales Rezidiv bekommen, das wurde erfolgreich strahlentherapeutisch behandelt, der Patient lebt 2021 und ruft mich jedes Jahr an meinem Geburtstag in dankbarer Erinnerung an. Eines der schönsten und emotionalsten Erlebnisse nicht nur für einen Thoraxchirurgen.

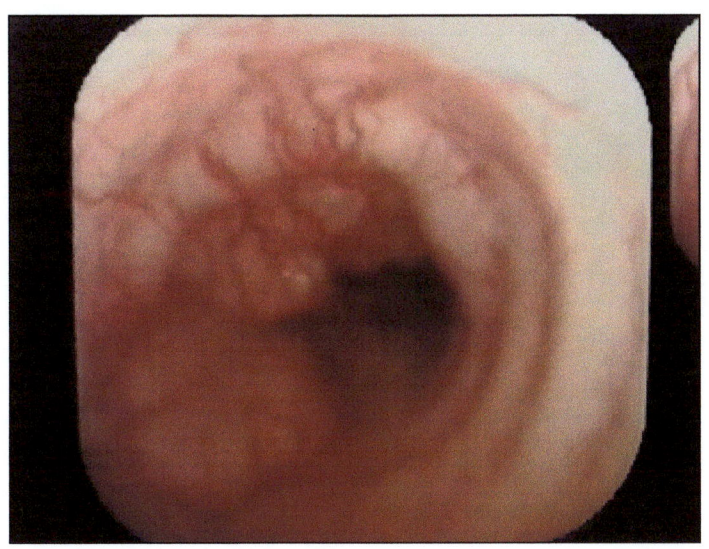

26.10.1998 Tumor distale Trachea

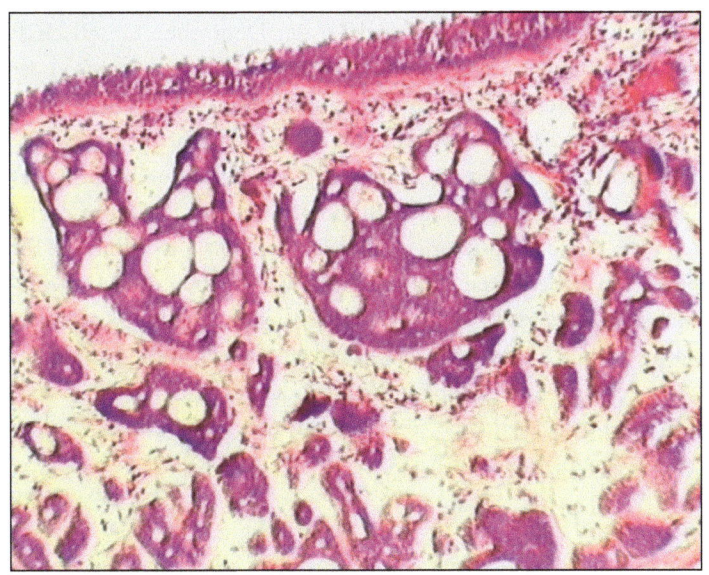

22.12.1998 Prof. Haupt-Leipzig: Adenoidzystisches Karzinom

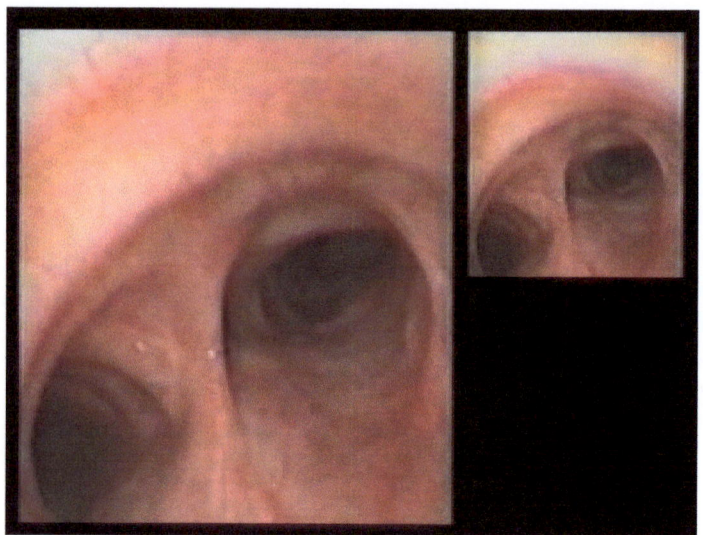

20.9.1999 Rekonstruierte Bifurkation

Ich war inzwischen Schatzmeister der Deutschen Gesellschaft für Thoraxchirurgie und nach der Wende Vorstandsmitglied der Deutschen Gesellschaft für Herz- und Thoraxchirurgie.

Im März 1989 wurde ich zum Leiter der „Fachgruppe Thoraxchirurgie" an der Akademie für Ärztliche Fortbildung der DDR in Berlin für fünf Jahre berufen. In dieser Funktion durfte ich eine Reise nach Belgien (Brüssel) machen, um Kontakte für einen fachlichen Erfahrungsaustausch im Auftrag des Ministeriums der DDR zu knüpfen. Der abschließende Reisebericht war dann – wie ich später bemerken musste – auch in die Hände der Stasi gelangt – ich glaube jedenfalls, dass es dieser Bericht war, den man mir dann auch später zusammen mit anderen Dingen zum Vorwurf gemacht hat.

Noch weiter in Zschadraß

Festsaal der Kliniken, vorbereitet für eine Weiterbildungsveranstaltung für die ambulanten Ärztekollegen

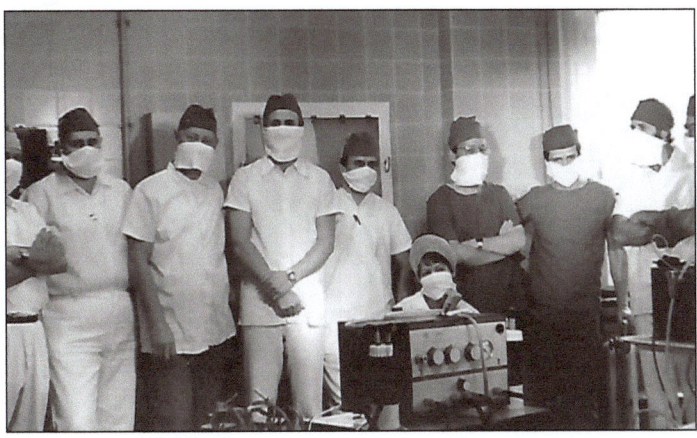

Ärzte in Weiterbildung

Die Thoraxklinik hatte sich zu einem Zentrum für Erkrankungen der Thoraxorgane entwickelt, war breit in die Aus- und Weiterbildung von Ärzten eingebunden, konnte auf international anerkannte Ergebnisse in der Behandlung des Lungenkrebses verweisen, war nach der Wende 1989 modernisiert, technisch perfekt ausgerüstet, und wurde von einem begeisterten hoch qualifizierten Personal in allen Bereichen geführt.

Internationale Beachtung für Arbeit in Zschadraß

Symposium zur Biologie des Bronchialkarzinoms – Jahrzehntelange Erfahrung der Ärzte und Pfleger sichert die fachmännische Behandlung in der Klinik

e Oktober 1981 wurde in den niken Zschadraß ein internationales Symposium zum Thema gie des Bronchialkarzinoms geführt. Ärzte und Wissenler, Leiter von Kliniken und tionen aus der CSSR, Ungarn, awien und aus unserer Republik berichten und tauschten Erfahr sowie Ergebnisse aus, damit lung und Praxis zu schnelle felgen kommen.

Behandlung von Patienten nem Bronchialkarzinom ist zu weltweiten Problem, beson n Staaten mit hochentwickel dustrie geworden. Das betrifft unsere Republik. Jährlich werehalb Millionen Mark für die lung und Behandlung in diechgebiet von unserem sozialn Staat bereitgestellt.

Klinik für Lungenkrankheiten Tuberkulose in Zschadraß ist in unserem Lande die größte htung in der chirurgischen dlung von Lungengeschwül-

Eine auf Jahrzehnten beruhende Erfahrung des Ärztekollektivs und des Pflegepersonals sichert hier die fachmännische Behandlung der erkrankten Bürger. Daß diese Arbeit auch international große Beachtung findet, zeigt das erwähnte Symposium. Seit 1950 wird in den Kliniken Zschadraß neben der medizinischen Betreuung intensiv wissenschaftlich gearbeitet und geforscht. Lag in den fünfziger Jahren der Schwerpunkt noch in der Tuberkulosebehandlung, so steht heute die Geschwulstbekämpfung im Vordergrund.

Viele Zschadraßer Veröffentlichungen von wissenschaftlichen Ar-

beiten und Beiträgen auf internationalen Fachtagungen und Kongressen stärken das Ansehen dieser Einrichtung und darüber hinaus unseres sozialistischen Gesundheitswesens. Damit dieser gute Ruf der Kliniken weiter bestehen kann, kommt auf alle Mitarbeiter, ob Arzt, Schwester, Pfleger oder technisches Personal, hohe Verantwortung zu. Die Freude an der Arbeit mit dem Menschen und die aktive Gestaltung der Aufenthaltsbedingungen für Patienten und gute Arbeitsbedingungen für das Personal sind in Zschadraß ein Lebenselement geworden.

Viele Kollektiv- und Einzelgespräche, die die Leitungen mit

Schwestern und Pflegern aus An der Gewerkschaftswahlen geführt haben, zeigten, daß man sich Verantwortung bewußt ist. Kr kenpflege ist als eine politische beit zu werten, denn oftmals ste Personal gestellt werden, stellver tend für das Sozialismusbild im samten. Kommt doch der Bür meist in einer für ihn kritischen tuation mit dem Gesundheitswe in Berührung.

Wenn dann die erste Begegn durch psychologisches Einfühlun vermögen der Ärzte und Schwest durch das Wissen um ihre gr Verantwortung in solchen Aug blicken dem Bürger das Gefühl Geborgenheit und des Verständni vermittelt, dann ist eine Brücke schlagen – eine Brücke des V trauens zum sozialistischen Gesu heitswesen und darüber hinaus unserem Staat. Dieser hohen V antwortung sind sich die Mitarbe in den Kliniken Zschadraß bew

h

Zeitungsbericht über die Arbeit in Zschadraß: Tagung „Biologie des Bronchialkarzinoms" – 1981

Meine Ärzteschaft und leitenden Schwestern und Sekretärinnen

Kollektiv von OP- und Wachstation

Wir hatten uns auch zu einem Zentrum für thorakale Notfälle entwickelt, Hubschrauberanflüge kamen aus allen Regionen der mittleren und südlichen Regionen der DDR mit Notfällen nach Unfällen, Atemwegskrisen durch Trachealstenosen, Pneumothoraces usw. Nicht selten fuhr ich selber in andere Krankenhäuser, um auf den dortigen Intensivstationen Hilfe zu leisten. Manche der damaligen Kooperationen bestehen bis heute in das Jahr 2021 – also noch nach dreißig Jahren!!! (Klinikum Aue/ Erzgebirge und Paracelsusklinik Zwickau)

In den neunziger Jahren wurde in der Paracelsusklinik in Zwickau eine Neurochirurgie aufgebaut. Dr. Warncke (heute Professor) rief uns aus unserer Praxis zu Hilfe bei Problemfällen auf seiner Intensivstation, wir hatten dann alle technisch notwendigen Gerätschaften im Auto und haben auf der Station bronchoskopiert, Bronchialtoiletten gemacht usw. Unser Auto hieß das „Pulm-Mobil". Durch diese breite Integration in die Medizin habe ich natürlich auf sehr vielen Gebieten Erfahrungen sammeln können, was mir bis heute zum Vorteil gereicht. Ich durfte später als Thoraxchirurg Pate stehen für die thorakalen Eingriffe an der Wirbelsäule in der Neurochirurgie der Paracelsusklinik. Für mich war es eine neue Erfahrung, für die Kollegen in der Klinik eine sehr praktische Bereicherung in der operativen Therapie von Wirbelsäulenerkrankungen. Im Jahr 2021 habe ich gehört, dass die transthorakale operative Strategie fester Bestandteil in der Klinik geworden ist. Prof. Warnke hat inzwischen eine Stiftung (Vigdis-Thompson-Foundation) und hilft mit seinem Wissen und seiner Erfahrung Menschen auf der ganzen Welt bei seltenen neuralen Erkrankungen. Ich durfte am 18.8.21 einer solchen Operation bei einer Patientin aus Mexiko zuschauen (intradurale Adhäsiolyse und Radikolyse nach in den USA vorangegangener Operation einer Meningozele).

2010 hat mich Prof. Warnke übrigens an einem Bandscheibenvorfall operiert. Es war für mich ein sensationelles Erfolgserlebnis.

Juli 1990 – mit der Interflug wird eine junge Patientin mit einem schweren Atemnot-syndrom eingeflogen. Wir konnten ihr helfen.

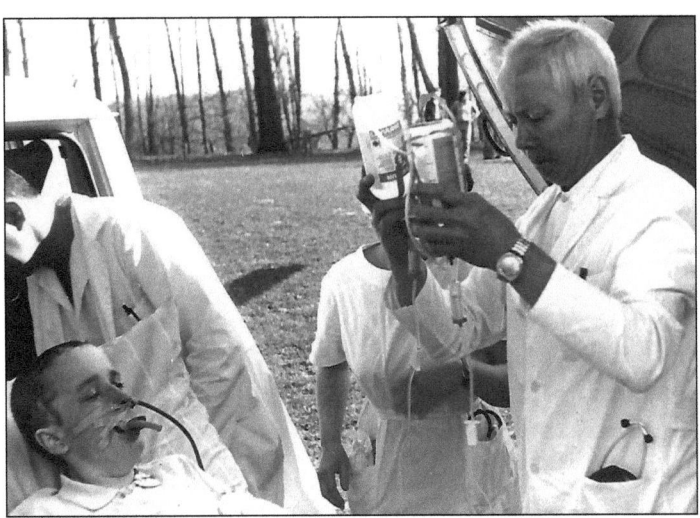

28.9.1992 – Großhubschrauber bringen einen Schwerkranken

Die Versorgung der Patienten in Zschadraß lag auf einem sehr
hohen Niveau, mir wurde jeder Neuzugang persönlich vorge-
stellt, Therapiepläne wurden besprochen und auch zur Entlassung sah ich die Patienten wieder. Jährlich habe ich allein über
2000 Neuzugänge beurteilen und die Therapie festlegen müssen.

Rettungshubschrauber „Christoph". Die Teams kennen sich

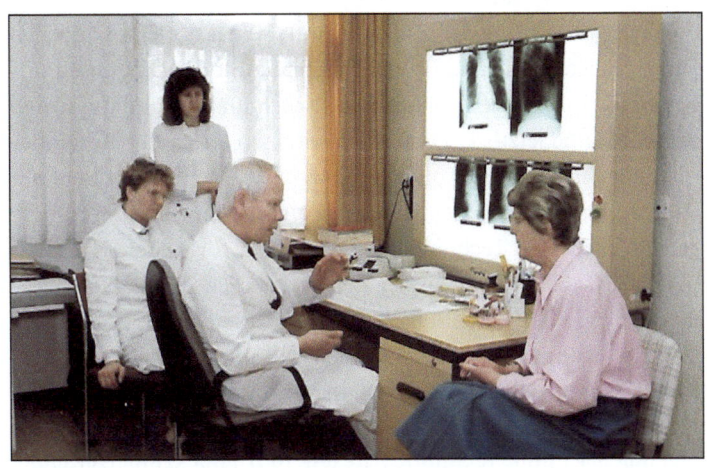

Gespräch mit einer Patientin in der sog. Chefarztvorstellung

Das mag heute antiquiert erscheinen, weil anfangs auch grundsätzlich alle Kollegen diesen Chefarztvorstellungen beiwohnen mussten, aber es war in den ersten Jahren eine traditionelle Notwendigkeit auch im Hinblick auf die Standardisierung von Behandlungskonzepten und ihre sehr individuellen Variationen. Die auch über diesen Weg zunehmenden fachlichen Qualifikationen führten dann immer mehr zu einer Verselbstständigung der einzelnen Bereiche. Anfangs waren diese Patientenvorstellungen in einem großen Raum, in dem alle Kollegen inkl. dem Oberpfleger an einem langen Tisch saßen. Ich saß vorne vor dem Bildschirm und musste zu allem meinen Kommentar geben. In der röntgenologischen Diagnostik und später in der CT-Diagnostik des Thorax konnte ich mich perfektionieren. Röntgendiagnostik ist heute noch eine Leidenschaft meinerseits.

Wir haben den Zeitaufwand in der Patientenvorstellung später reduziert auf die Teilnahme nur noch der zuständigen Stationskollegen. Für Gastärzte blieben solche „Sitzungen" aber ein Highlight. Die zunehmenden Spezialisierungen der Kollegen kamen auch darin zum Ausdruck, dass die Fachbereiche schrittweise getrennt und mit eigenen „Chefs" besetzt wurden – 1991.

Wir hatten Mitte der achtziger Jahre bereits mit einer digitalen Patientendatenerfassung für alle Patienten mit der Diagnose Lungenkrebs (162.0) mit allen anamnestischen und Behandlungsdaten begonnen und letztlich schon einen automatisierten Entlassungsbericht auf der Basis von Textbausteinen. Es war ein sehr mühsamer Weg und meine Kollegen haben mich dafür ganz bestimmt nicht geliebt, aber diese Technologie war die Basis für weitere Krebsstatistikanalysen. Ich hatte zu der Zeit als Sekretär der Sektion Thoraxchirurgie der Gesellschaft für Chirurgie der DDR auch die Verantwortung für die DDR-Studie zur Früherkennung des Bronchialkarzinoms übernommen, deren gesamte Daten hierdurch in Zschadraß archiviert waren. Der Schwerpunkt der operativen Krebstherapie der Lunge bedingte, dass wir 1991 eine Schnellzytologie in Zusammenarbeit mit dem Zytolabor in Grimma (Leitung Dr. Zimmer) unmittelbar in einem Nebenraum des OP-Traktes aufgebaut haben. Das war für uns ein Quantensprung, konnten wir doch nun intraoperativ beinahe mit der Sicherheit eines Schnellschnittes Gutes von Bösem trennen. Die zytologischen Untersuchungen gingen auch sehr erfolgreich in die bronchologische Diagnostik ein.

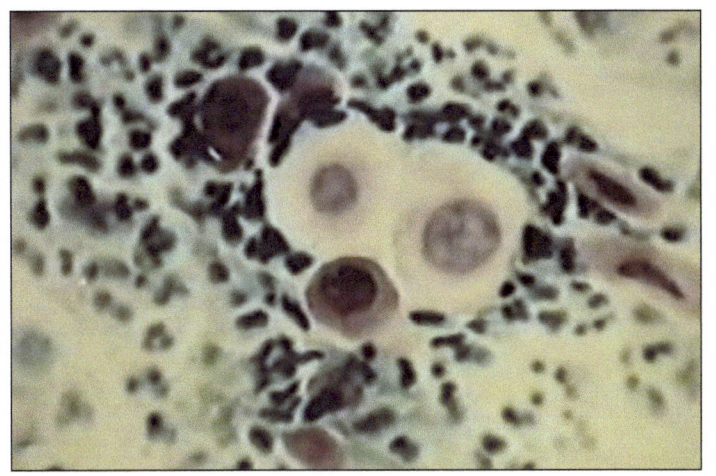

Zytologisches Bild eines reifen Plattenepithelkarzinoms

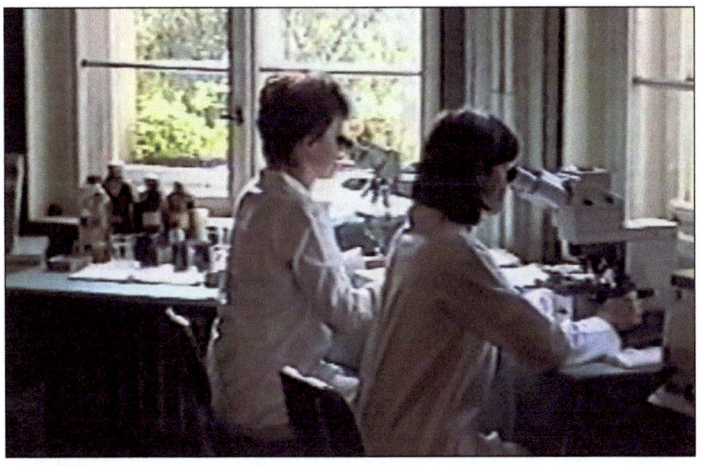

Zytologischer Arbeitsplatz

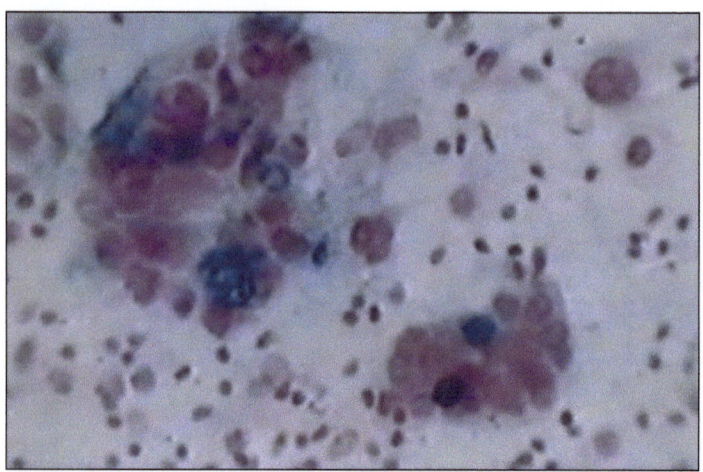

Zytologisches Bild eines Adenokarzinom

Zschadraß war 1989 neben der Einrichtung in Bad Berka, Berlin-Buch und Coswig ein Bollwerk der Lungen- und Thoraxchirurgie, der Thoraxanästhesie und Bronchologie sowie Notfallendoskopie. Herzschrittmacher hatten wir bereits seit 1982 implantiert. Mit Prof. Lindenau von der Herzklinik Leipzig war ich einig, dass wir uns gemeinsam um das Thema einer Lungentransplantation kümmern müssen.

Die technologische Weiterentwicklung der Klinik nach 1989 war grandios! Im August 1990 starteten wir die großen Renovierungen der Krankengebäude innen und außen – siehe oben; im September 1990 verfügten wir über Telefon an den Patientenbetten der Intensivstation; im Sommer 1991 haben wir die Anästhesie- und Wachstation als eigenen Bereich ausgewiesen; die Funktionsdiagnostik wurde modernisiert; der OP-Trakt wurde teilsaniert, in der Bronchologie haben wir 1991 die Videotechnik eingeführt und im OP konnten die Gastärzte auf separaten Bildschirmen den Operationsverlauf verfolgen (Oktober 1991). Darüber hinaus haben wir am 15.9.1992 die mikroinvasive OP-Technik eingeführt. Mein persönliches Ziel war es, die Klinik als universitäre Einrichtung zu führen, denn an der Uni in Leipzig gab es keine Thorax- und Lungenchirurgie. Unsere territoriale Lage zu Leipzig war außerdem sehr günstig – wir waren nur einen „Steinwurf" von Leipzig entfernt.

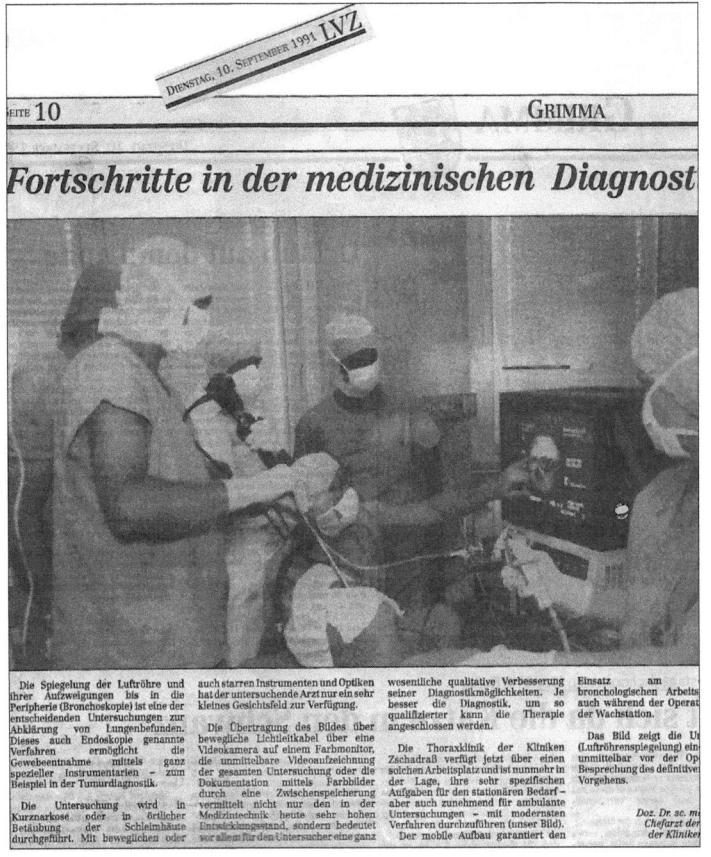

Untersucher und Gäste können durch die Videotechnik an der Untersuchung der Atemwege teilhaben; LVZ 10. Sept. 1991

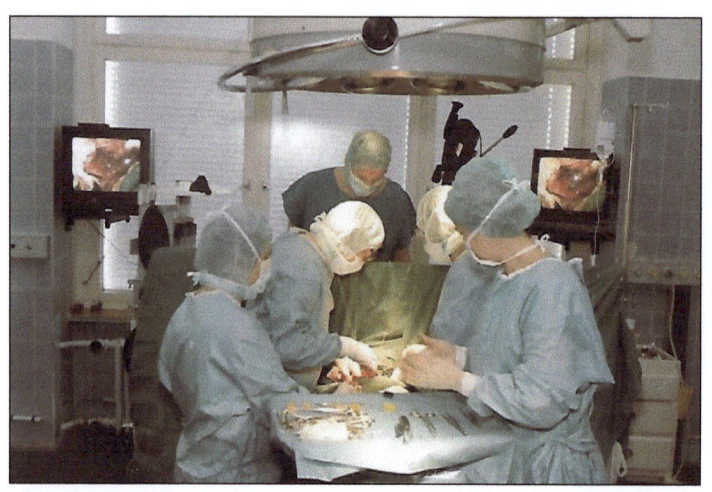

Oktober 1991 – die Operation wird für die Gastärzte auf Monitore übertragen – von einer Videokamera

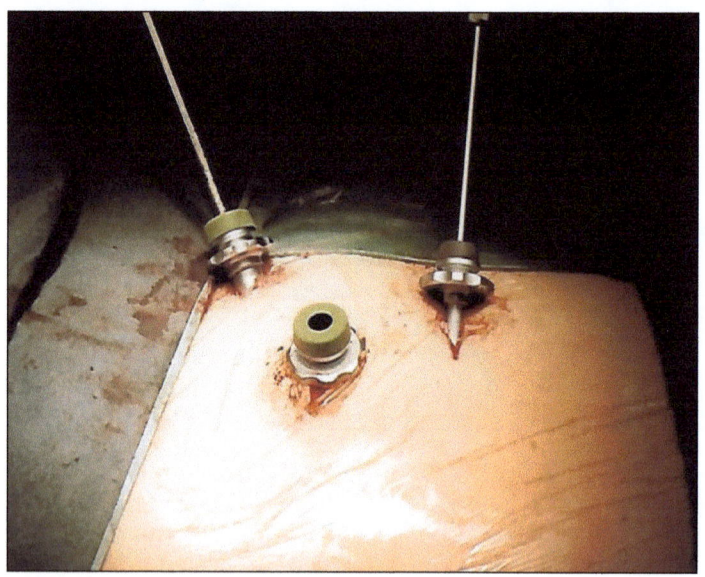

1. MIC am 15.9.1992 (MIC: Minivalinvasive Chirurgie)

Der gesamte konservative Bereich im Haus 19 (Innere/Lunge) wurde renoviert und neu eingerichtet. Aber man muss auch erwähnen, dass wir im Haus 35 die Station II bereits **1981 selber renoviert** hatten und dann unmittelbar danach die Patientenzimmer als Hotelzimmer genutzt und eine Tagung mit Gästen aus Jugoslawien, der ČSSR, Ungarn und der UdSSR veranstaltet haben!!

BIOLOGIE
DES BRONCHIALKARZINOMS
Symposium
mit internationaler Beteiligung

Gemeinschaftstagung der AG Geschwülste der Atemwege
der Gesellschaft für Bronchopneumonie und Tuberkulose der DDR
und der Sektion Thoraxchirurgie der Gesellschaft für Chirurgie der DDR

Zschadraß, 26.–27. Oktober 1981

Oktober 1981: Tagung in Zschadraß: Biologie des Bronchialkarzinoms

Die ausländischen Gäste wurden mit Blumen begrüßt

Wir waren fachlich, organisatorisch, strukturell und in der Kooperation mit anderen Gesundheitseinrichtungen auch aus der heutigen Betrachtung nach mehr als dreißig Jahren beispielhaft für ein funktionierendes Gesundheitswesen. Aber – es sollte alles völlig anders kommen, denn die neue Landesregierung mit dem Gesundheitsminister Geisler aus dem Westen hatte völlig andere Pläne für unser Territorium, in dem sich ja auch eine große Psychiatrie befand. Und Herr Geisler hatte sehr viel Sympathie für die Diakonie und wollte dieser Organisation das Territorium Zschadraß „verkaufen" und unsere Klinik nach Chemnitz verlagern – nicht etwa nach Leipzig an die Universität. Wir liefen Sturm gegen diesen Plan, das Fernsehen wurde aufmerksam, RTL und SAT I drehten Beiträge für die Abendnachrichten („Sachsenspiegel") und ich habe mir quasi im Fernsehen mit dem Minister eine Diskussion erlaubt, die den Minister dazu führte, mich als „schlimmen Arzt" zu bezeichnen, weil ich „mit den Ängsten der Patienten" argumentieren würde.

Dr. Weber: Bildausschnitte aus den Fernsehsendungen im MDR 1992

Minister Geissler

→PR

DR. HANS GEISLER
SÄCHSISCHER STAATSMINISTER
SOZIALES, GESUNDHEIT UND FAMILIE

O-8060 DRESDEN
ALBERTSTRASSE 10
TEL (00 37 51) 59 90 6 02
FAX (00 37 51) 59 90 7 91

26.3.92

KOPIE

An das
Diakonische Werk der
Ev.-Luth. Landeskirche Sachsen
im Kirchenbezirk Grimma e. v.
Bockenberg 3, Fach 0149

O - 7240 Grimma

Dresden, den 16.03.1992
54/9033/92

2 4. MRZ. 1992

Sehr geehrter Herr Fleischmann,

ich freue mich, daß Sie sich um die Übernahme der Landesklinik
Zschadraß bemühen.
Sobald eine sinnvolle Konzeption vorliegt, werde ich veranlassen, daß die entsprechenden Schritte zur Übertragung der Träger-
funktion und gegebenenfalls auch zur Veräußerung des Geländes
an Sie in die Wege geleitet werden.

Folgende Hinweise halte ich in diesem Zusammenhang für nötig:

- Die Psychiatrie soll in Zschadraß mit ca. 110 Akutbetten
  verbleiben, mit Pflichtversorgung eines noch festzulegenden
  Einzugsgebietes (gesamte psychiatrische Versorung mit Ausnahme
  von Kinder- und Jugendpsychiatrie und forensischer Psychiatrie.
  Die Thoraxchirurgie soll dagegen dort aufgelöst werden.

- Sie sollten überlegen, inwieweit Sie dort auch onkologische
  Nachsorge betreiben wollen.

- Um Beunruhigung und Gerüchten beim Personal vorzubeugen,
  empfehle ich, daß Sie bald der Leitung und/oder dem Personal des Hauses Ihre Vorstellungen darlegen.

Mit freundlichen Grüßen

Dr. Geisler

Dieser Brief sollte der Anfang des Endes unserer
Klinik sein. Er ging durch die Presse.

24. März 1992 Kopie Originalbrief des Ministers an die Diakonie

109

Mit Schrecken habe ich im Wahlkampf 2021 vom Kanzlerkandidaten der CDU/CSU – Herrn Laschet – hören müssen, wie mit dem Schüren von Ängsten vor einer roten Koalition Wähler beeinflusst werden sollten. Mir hat der damalige Minister Geisler eine solche Diskussion sehr negativ zulasten gelegt. Mit der Diskussion allein um Sachverhalte sind wir also bis heute nicht weitergekommen.

Der Minister hat sich nie für die Einrichtung und ihre tatsächlichen Leistungen und vor allem für das wissenschaftliche Potential der Klinik interessiert. Wir haben gekämpft, dass es nach sehr langer Zeit überhaupt einmal zu einem Gespräch mit dem Ministerium gekommen war, aber es kamen dann nur die unteren Garden. Es war seitens des Ministers und seiner Funktionäre eine solche Arroganz und Hochnäsigkeit zu spüren, die mir heute noch so gegenwärtig ist wie vor dreißig Jahren. Da war von Achtung des Gegenüber keine Spur, wie konnte denn auch ein „Wessi" so einen kleinen Ostarzt überhaupt wahrnehmen – wir hatten doch ohnehin keine Ahnung! Leider gab es aber auch in der Klinik selber Kontroversen durch den Vorsitzenden des Personalrates, die Sitzung wurde von ihm kategorisch geschlossen, ich weiß bis heute nicht, warum. Der Kollege befand sich selber im Zwiespalt und ich glaube heute noch, dass er auch gegen mich Neid und Hass entwickelt hatte. Er war nicht mit dem Herzen am Wohl der Klinik interessiert. Als Allgemeinchirurg fühlte er sich auch in unserem Kollektiv nicht so richtig wohl, weil das ja Dinge waren, die er nicht primär gelernt hatte. Er wurde für die Schrittmacherimplantationen verantwortlich gemacht. Selber musste ich in Notsituationen auch solche Implantationen vornehmen.

Ich habe dann in meinem Kampf um die Erhaltung der Klinik nach Alternativen gesucht und sie letztlich in „Amerika" gefunden. Welch eine originale Vorstellung! Das war ein kleiner Ort in Sachsen in der Nähe von Penig an der Mulde mit einer nicht mehr arbeitsfähigen Wollspinnerei, er sollte verkauft werden – für zehn Millionen an den Freistaat Sachsen. Und ich wollte dort mit privaten Investoren die neue Klinik für Erkrankungen der Thoraxorgane errichten.

Amerika so gut wie verkauft

Der Verkauf des 108-Seelen-Dörfchens Amerika durch die Treuhand ist nahezu perfekt. Der Freistaat Sachsen soll den Ort unweit von Chemnitz erhalten, um hier ein mordernes Klinikum für Lungenkranke bauen zu können. Foto: Schulz

Süddeutsche Zeitung; 9./10. Januar, 19. Jahrgang Das Amerikakonzept BZ vom 09.1.1993

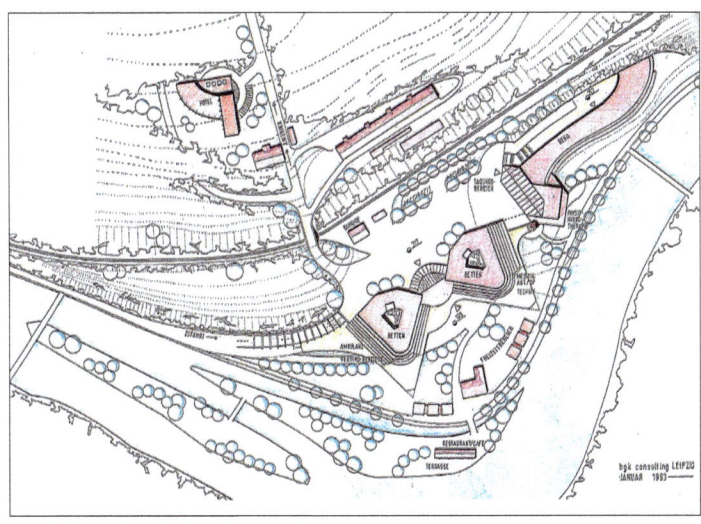

Amerika kostet zehn Millionen Mark
Kleines Dorf mit großem Namen gehört bald dem Freistaat Sachsen

Von AP-Korrespondentin
Susann Huster, Amerika

„Amerika zu verkaufen für zehn Millionen Mark!" So lautete eine Anzeige der Treuhandanstalt Berlin, die vor wenigen Monaten in allen großen Wirtschaftsblättern der Welt zu lesen war. Aber nicht etwa ein ganzer Kontinent sollte unter den Hammer kommen, sondern ein kleines sächsisches Dorf namens Amerika mit 108 Einwohnern, unweit von Chemnitz. Jetzt ist der Verkauf nahezu perfekt. Der Freistaat Sachsen soll die Liegenschaften bekommen. In Amerika wird dann ein modernes Klinikum für Lungenkranke entstehen.

Ernsthafte Bewerber gab es nur drei, erzählt Gerald Merkel, der Bürgermeister der Gemeinde Arnsdorf,

Der kleine Ort wird bald verkauft.
Foto: AP

zu der Amerika gehört. Der erste war eine Mittelstandsvereinigung aus Stuttgart, die in dem Ort mit dem medienwirksamen Namen einen Erlebnispark errichten wollte. Ein anderer plante ein Privatklinikum. Doch erst der dritte Bewerber bekam schließlich den Zuschlag.

Der Chefarzt einer Lungenklinik im sächsischen Colditz ergriff die Initiative. Er will in Amerika ein modernes Thorax-Klinikum errichten. Das Geld soll vom Freistaat Sachsen kommen, der bereits seine Zustimmung signalisiert hat. Angeblich hat sich der Preis schon um die Hälfte auf fünf Millionen Mark verringert.

Die Treuhand war zu dem ungewöhnlichen Besitz gekommen, als Ende Dezember 1991 der einzige Betrieb Amerikas, eine Wollspinnerei, wegen Unrentabilität und schlechter Verkehrsanbindung schließen mußte. Zur Fabrik gehörten Geschäfte, Kindertagesstätten, eine Wäscherei und ein Wannenbad, die ebenfalls dichtmachten. Amerika, das dann ein komplettes Dorf zum Kauf angeboten wurde, entwickelte sich zur Geisterstadt. „Das kam wie ein Blitz aus heiterem Himmel. Anfangs hieß es noch, Amerika wird gebraucht", berichtet Dorfchronist Hans Friedrich. Die Bewohner, die fast alle in der Wollspinnerei beschäftigt waren, wurden arbeitslos. „Unsere Arbeitslosenquote liegt bei 75 Prozent. Der Rest ging in den Vorruhestand", sagt Bürgermeister Merkel.

Auch die zwei Wohnhäuser in Amerika waren Werksbesitz. Die Bewohner können sie jetzt kaufen, als genossenschaftliches Eigentum. Doch einige lehnen dies ab.

„Wer kein Geld besitzt zum Reisen übern großen Ozean, um Amerika zu preisen, der besteig die Muldenbahn..." So beginnt der Spruch auf einer historischen Postkarte aus Amerika. Tatsächlich gibt es auch eine Bahnstation in dem verschlafenen Nest. Alle zwei Stunden hält noch ein Zug. Ansonsten ist Amerika schwer zu erreichen. Dies brachte dem Dorf an der Zwickauer Mulde seinen Namen ein.

Mitte des 19. Jahrhunderts mußten die Arbeiter der Wollspinnerei mit Trittsteinen die Mulde überqueren, da es keine Brücke gab. Bei Hochwasser, das nicht selten vorkam, gelangten sie nur unter großen Mühen mit Kähnen ans andere Ufer. „Das war so gefährlich, wie über den großen Teich zu kommen", erzählt Merkel. „Die Geschäftsreisenden sagten damals: Diesen Betrieb zu finden ist schwerer noch als Amerika zu entdecken", berichtet Friedrich. So wurde das Dorf schließlich nach dem Land der unbegrenzten Möglichkeiten benannt.

Bürgermeister Merkel sieht der Zukunft Amerikas nun optimistisch entgegen. Das Klinikum wird, so hofft er, neuen Wind ins Dorf bringen. Ein modernes Schwimmbad ist geplant, ein Hotel und natürlich auch ein Westernsaloon, wie sich das für Amerika gehört.

Ein großartiges Konzept, dessen Entwurf mir zusammen mit einem Architektenbüro in Leipzig große Freude gemacht hat. Im Frühjahr 1993 gab es in Dresden einen Termin für die „Verteidigung" meines Konzeptes gegenüber dem Ministerium. Wie das ausging und warum das so geschah – muss ich an anderer Stelle darstellen.

Ich muss meine Erinnerungen aber noch einmal in die Zeit von 1977 und später lenken

Die Argumentationen der mir damals in den Kliniken Zschadraß übergeordneten Parteifunktionärin und Ärztin (Internistin) Frau Dr. E. Schw. wurden immer lauter, dass man sich als Chefarzt einer solchen landesweit bekannten Klinik nicht den parteipolitischen Interessen entgegenstellen könne. Siehe hierzu auch die Bemerkung meines Vaters zu seiner „erzwungenen" Mitgliedschaft in der NSDAP. Im Klartext hieß das, die Partei wollte mich als fachliches und politisches Aushängeschild gewinnen! Ich bemerkte aber auch schon längere Zeit, dass ich als Parteiloser an den immer und überall notwendigen Leitungssitzungen nicht teilnehmen durfte und dass mir hierdurch durchaus viele Informationen verloren gingen, die ich aber für meine eigenen Interessen und notwendigen fachlichen Kontakte auch in das nichtsozialistische Ausland unbedingt benötigte. Ich musste also zwangsweise in die SED eintreten. Ich weiß leider nicht mehr, in welchem Jahr das war – 1981/1982?

Damit sind wir an einem Punkt angekommen, an dem man spätestens erkennt, dass man entweder rebellieren muss und aussteigt oder dass man sich fügt, ohne sich selbst zu verbiegen, seine Arbeit macht und versucht, das Beste für seine Patienten zu erreichen. Eine solche Einstellung wurde und wird heute noch nicht honoriert. Schaut man sich im Fernsehen die historischen Sendungen zur Geschichte der DDR an, wird nur von den „Helden" auch in der Medizin gesprochen, die es wagten, über die Ostsee zu fliehen (12./13.8.21). Über die vielen wirklichen Helden, die ihre Aufgabe zum Wohl der Gemeinschaft erfüllt haben, spricht leider niemand! Aber man darf wohl auch keine Gerechtigkeit in einem System erwarten, in dem die „Freiheit des Einzelnen" unantastbar ist, und wo parteipolitische, wirtschaftliche und damit finanzielle Interessen im Vordergrund stehen.

Natürlich gehörte in der DDR auch die Arbeit im/mit dem sog. sozialistischen Kollektiv zur Lebensrealität. Ich kenne keinen ärztlichen Kollegen oder Mitarbeiter unter den Kollektivmitgliedern in meiner damaligen Klinik, die sich ernsthaft und mit dem Herzen in diese Thematik eingebracht haben. Es war einfach eine Pflichtübung. Heute würde man sagen: Wir waren alle Mitläufer im System A. Gab es eine Alternative??

Das mit dem sozialistischen Kollektiv hat mich schon 1969 in Vogelsang begleitet. Ich weiß wirklich nicht, warum ich damals den Titel bekommen habe, es war wohl einfach Routine, wenn man ganz normal seine Aufgaben erfüllte. Aber auch später wurde ich in Zschadraß mit einem solchen Titel „geehrt".

URKUNDE

FÜR VORBILDLICHE
SOZIALISTISCHE ARBEIT
VERBUNDEN MIT
AKTIVER GESELLSCHAFTLICHER TÄTIGKEIT

WIRD

Kollegen Dr. Jürgen Weber

DER EHRENTITEL

AKTIVIST

DER SOZIALISTISCHEN ARBEIT

VERLIEHEN

MR. Dr. med Schoefer
Ärztlicher Direktor

Dr. G. Hittiner
BGL-Vorsitzende

Fachkrankenhaus Vogelsang , 3. Oktober 1969

Urkunden „Aktivist der Sozialistischen Arbeit – 1969 und 1979

URKUNDE

FÜR VORBILDLICHE
SOZIALISTISCHE ARBEIT
VERBUNDEN MIT
AKTIVER GESELLSCHAFTLICHER TÄTIGKEIT

WIRD

HERRN CHEFARZT

Dr. med. Jürgen Weber

DER EHRENTITEL

AKTIVIST

DER SOZIALISTISCHEN ARBEIT

VERLIEHEN

HEILSTÄTTEN ZSCHADRASS

ZSCHADRASS, 1. MAI 1979

MR. DR. MED. E. SCHWARZBAUER
ÄRZTL. DIREKTORIN

O. LSCHNER
BGL. - VORS.

In der DDR gab es nicht viele Experten, die sich dem Lungenkrebs verschrieben hatten. Und ich hatte speziell in Zschadraß die Patienten aus der Wismut mit Lungenerkrankungen und vor allem Lungenkrebs zu versorgen. Die Wismut im Erzgebirge war ein Mammutunternehmen mit sehr vielen Sonderrechten – ab 1954 SDAG Wismut genannt (Sowjetisch-Deutsche Aktiengesellschaft zur Uranproduktion). Ich habe zwangsweise nicht nur mit einem Parteisekretär dieses Unternehmens Gespräche geführt. Sollte ich meine Patienten verlassen?

Ich habe mich für den anderen Weg entschieden und er tut mir bis heute nicht leid. Dies kann ich allein schon aus der späteren Berufserfahrung im System B mit Überzeugung feststellen.

Im Juni 1991 besuchte mich ein Journalist aus München und wollte sich zum Thema Wismut informieren (Herr Altmann). Er kam gerade vom Dalai-Lama und war noch sehr beeindruckt von den dortigen Erlebnissen. Aber ich glaube, dass das Thema Wismut, radioaktive Strahlung, Lungenkrebs und Lungensilikose für ihn ein noch viel größeres Erinnerungsfeld wurde.

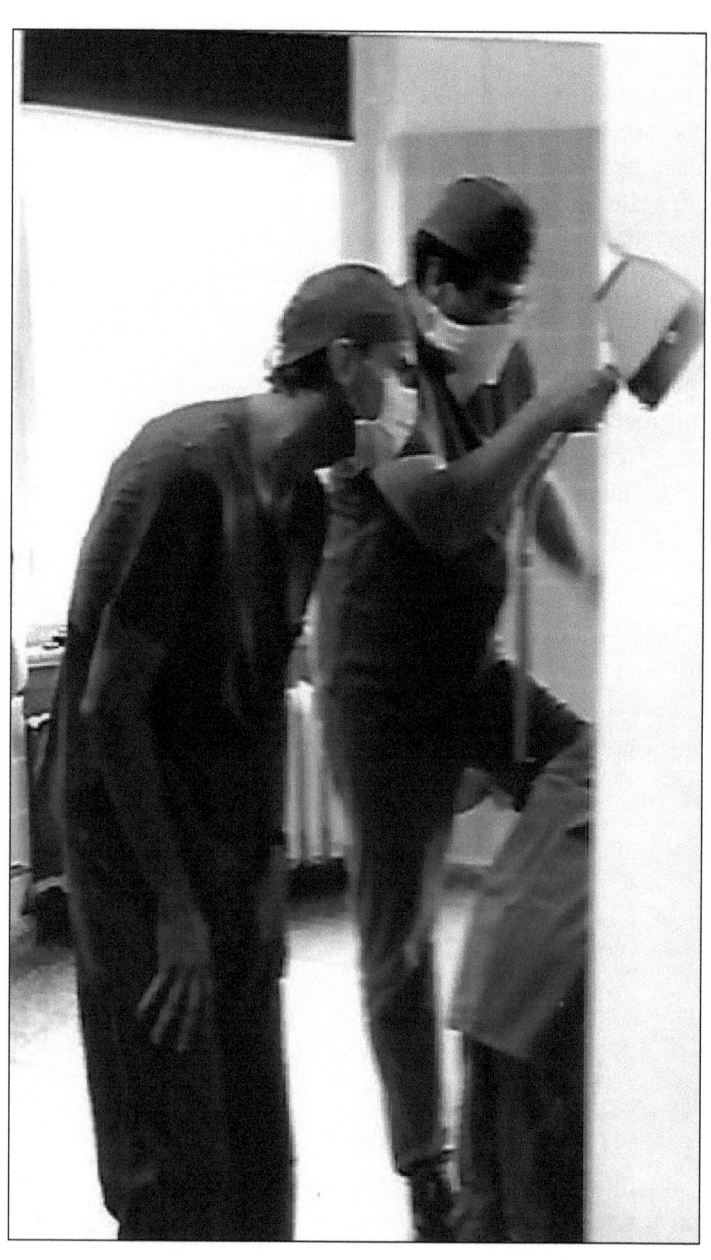

Journalist Herr Altmann aus München

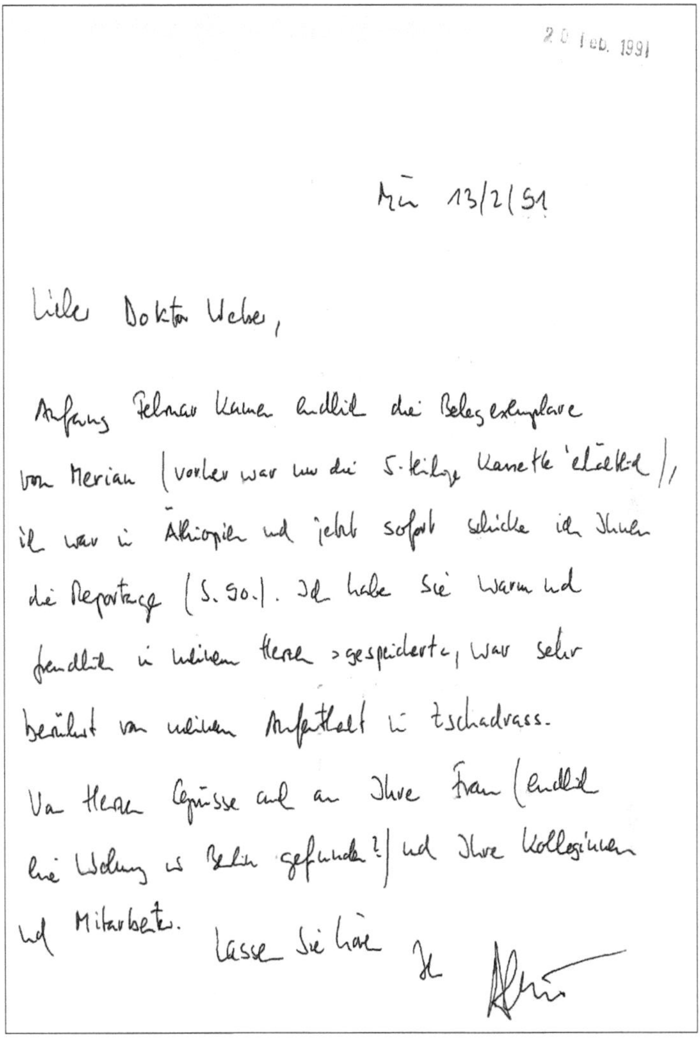

2 0 Feb. 1991

[handwritten letter]

München 13/2/91

Liebe Doktor Weber,

Anfang Februar kamen endlich die Belegexemplare von Merian (vorher war nur die 5-teilige Kassette 'eltektd'), ich war in Äthiopien und jetzt sofort schicke ich Ihnen die Reportage (S. 90.). Ich habe Sie warm und freundlich in meinem Herzen >gespeichert<, war sehr berührt von meinem Aufenthalt in Zschadrass. Von Herzen Grüße auch an Ihre Frau (endlich eine Wohnung in Berlin gefunden?) und Ihre Kolleginnen und Mitarbeiter. Lassen Sie hören Ihr Altmann

Brief des Herrn Altmann vom 13.2.1991: Lieber Doktor Weber, Anfang Februar kamen endlich die Belegexemplare von Merian (vorher war nur die 5-teilige Kassette erhältlich), ich war in Äthiopien und jetzt sofort schicke ich Ihnen die Reportage (S. 90). Ich habe Sie warm und freundlich in meinem Herzen gespeichert, war sehr berührt von meinem Aufenthalt in Zschadrass. Von Herzen Grüße auch an Ihre Frau und Ihre Kollegen und Mitarbeiter. Lassen Sie hören, Ihr Altmann

Zurück zu meinem persönlichen Er-Leben

Mit der Wende wurde ich durch meine Kündigung sehr persönlich bestraft (dazu später Einzelheiten), obwohl ich für das System A keinerlei Verantwortung trug. Ich bin ohne mein Wissen und ohne eine Möglichkeit, mich anders zu entscheiden, in diese Ostideologie hineingewachsen. Politiker haben darüber entschieden, unter welchen Rahmenbedingungen ich aufwachsen sollte. Es war nicht meine Entscheidung. Ich war ein Kleinkind und dann ein junger Jugendlicher, als 1949 der Osten von Deutschland zur DDR gemacht wurde. Es waren doch auch zunächst einmal keine negativen politischen und/oder gesellschaftlichen Zielstellungen zu erkennen. Meine Eltern kannten das System der Nazis, ist es verwunderlich, wenn sie an ein besseres System geglaubt haben? Ich habe 1958 mein Abitur gemacht! Da war die Welt für uns vor dem Jahr 1961 noch in Ordnung! Und selbst zu meiner Zeit in der NVA – 1958 –1960 – kann ich mich persönlich an keine politischen Schikanen erinnern. Gut, ich durfte nicht studieren, ohne meinen Armeedienst zu absolvieren. Und Westverwandtschaft war und wurde zunehmend ein Hindernis für die persönliche Entwicklung. Muss ich Schuldgefühle dafür entwickeln, dass ich nicht die menschliche Reife und politische Erkenntnis gewonnen habe, dass es notwendig wird, in das andere System zu wechseln?

Nach der Wende 1989/1990/1991 war es wie bei einer Massenhysterie: Alle Alten mussten weg – egal, wie und was sie getan oder nicht getan hatten. Ehemalige Freunde wurden zu Denunzianten, persönlicher Hass wurde nun politisch motiviert und wer – egal in welcher Position – Kontakte mit der Stasi hatte, wurde gefeuert und ein Damoklesschwert über ihn verhängt. Es war plötzlich wie bei einer Hexenjagd im Mittelalter. Viele haben den ideologischen Stress nicht verkraftet und ihrem Leben selber ein Ende bereitet. Ich habe so zwei gute Freunde verloren. Das waren keine politischen Scharfmacher! Sie haben – wie ich – im System ihren Dienst in leitender Position geleistet. Ehemals für mich hoch angesehene Kollegen und Professoren wurden nun plötzlich zu Klassenkämpfern gegen das SED-Regime (Prof. H.) und in der Uni entbrannte ein erbitterter Kampf um die Neubesetzung von Leitungsfunktionen (Prof. S.) unter bösartigsten Formulierungen über ihre bisherigen Vorgesetzten. Das ist die Wahrheit: Der Mensch ist sehr schnell wandelbar, wenn es um sein eigenes Ich geht.

Mitteilung des Landratsamtes

Gemäß Verordnung vom 4. Juli 1990 werden durch das Landratsamt Grimma die leitenden Stellen der Chefärzte und anderer Leiter hiermit ausgeschrieben. Im einzelnen betrifft das nach dieser Verordnung die Stelle des leitenden Chefarztes für das Kreiskrankenhaus, für das Krankenhaus Colditz, für die Kliniken Zschadraß sowie die Stelle des leitenden Arztes der Kreispoliklinik Grimma.

Darüber hinaus sind die Stellen der Verwaltungsdirektoren und der Leiter der Pflegedienste der betreffenden drei Krankenhäuser hiermit ausgeschrieben.

Die Bewerbungen sind an den Sozialdezernenten zu richten. Die Bestätigung erfolgt durch den Kreisausschuß oder die zuständige staatliche Behörde.

August 1990

MISSTRAUENSVOTUM

Zu der Nachricht über eine Weiterbildungsveranstaltung in Heft 48/1990:

Schmerzliche Demokratisierung

Sie veröffentlichten eine kurze Mitteilung über einen für 1991 von dem ehemaligen SED-Professor Dr. Siegfried Kiene an der Karl-Marx-Universität Leipzig geplanten chirurgischen Weiterbildungslehrgang. Wie Sie aus beigefügtem Ausschnitt der Lokalzeitung „Wir in Leipzig" vom 6. Dezember 1990 ersehen, wurde diesem Herrn von den Mitarbeitern seiner Klinik (wie auch sieben weiteren ehemaligen SED-Professoren an der Medizinischen Fakultät) das Vertrauen entzogen. Noch Anfang 1990 wurden die geplanten Aktivitäten einer „PDS-Initiativgruppe" an der Chirurgischen Klinik von couragierten Mitarbeitern unterbunden.

80 Prozent der Professoren der Leipziger Universität (auch an der Medizinischen Fakultät) waren stramme SED-Mitglieder . . . Sie sind immer noch tätig. Kann man ihnen die Erziehung der studentischen Jugend im Sinne der Demokratie anvertrauen? Ich wage es zu bezweifeln. Der Demokratisierungsprozeß an der Leipziger Universität ist langwierig und schmerzlich.

Prof. Dr. sc. med. J. Schauer, Klinik für Innere Medizin, Karl-Marx-Universität, Johannisalle 39, O-7010 Leipzig

Anmerkung der Redaktion: In dem erwähnten Artikel aus „Wir in Leipzig" wird berichtet, daß die Belegschaft der Chirurgischen Klinik der Karl-Marx-Universität Kiene und anderen am 14. August 1990 das Mißtrauen ausgesprochen habe. „122 wollten, daß Professor Siegfried Kiene geht, 82 stimmten für ihn als Leiter der Einrichtung", heißt es. ▷

Januar 1991

Nicht geeignete Personen für Öffentlichen Dienst

Der Antrag der CDU-Fraktion zur DRUCKSACHE 1/395 (1/139) „Ausschluß der Verantwortungsträger des vergangenen SED-Regimes vom Öffentlichen Dienst im Freistaat Sachsen als nicht geeignete Personen", über den wir gestern berichteten, hat folgenden Wortlaut:

Der Landtag wolle beschließen:

1. Insbesondere die nachstehend genannten exponierten Funktionsträger des ehemaligen SED-Regimes, die vor dem 18. 10. 1989 solche Funktionen ausübten, können in der Regel im Öffentlichen Dienst nicht beschäftigt werden; jeder Fall muß dabei im einzelnen geprüft werden:

Ehemalige
- Politbüromitglieder
- ZK-Mitglieder (auch Kandidaten und leitende Mitarbeiter)
- Minister und Stellvertreter, Staatssekretäre
- Hauptabteilungsleiter in den Ministerien
- Abgeordnete der Volkskammer vor dem 18. 3. 1990
- Mitglieder des Staatsrates
- Mitglieder der SED-Bezirksleitungen
- hauptamtliche Mitarbeiter von SED-Kreis- und Bezirksleitungen
- Mitglieder der Sekretariate der gleichen Leitungsebene
- Vorsitzende der Räte der Bezirke und Kreise und deren 1. Stellvertreter
- Mitarbeiter und Leiter der Abteilungen Inneres
- Direktoren für Kader und Bildung sowie Kaderleiter
- Kommandeure der Kampfgruppen und Politstellvertreter
- Leiter der Abteilungen Sicherheit
- Bezirksschulräte und deren 1. Stellvertreter
- Kreisschulräte und deren 1. Stellvertreter sowie Schulinspektoren
- Rektoren und Prorektoren von staatlichen Hochschulen
- Dozenten für Marxismus/Leninismus
- hauptamtliche Mitarbeiter in den Stäben der Zivilverteidigung
- für MfS/AfNS der DDR Tätige
- Leiter der Abteilungen Internationale Beziehungen
- Oberbürgermeister und ihre 1. Stellvertreter
- hauptamtliche Parteifunktionäre im Staats- und Wirtschaftsapparat
- Leiter von militärischen Abteilungen
- hauptamtliche Vorsitzende und Sekretäre von Massenorganisationen
- hauptamtliche Mitglieder des Zentralrates der FDJ
- hauptamtliche Gewerkschaftsfunktionäre
- Kombinatsdirektoren und deren Stellvertreter
- Direktoren und deren Stellvertreter von zentralgeleiteten Betrieben
- Politoffiziere
- leitende Mitarbeiter im Justizapparat und Strafvollzug
- leitende Mitarbeiter in Außenhandelsbetrieben
- leitende Mitarbeiter der Abteilung Kommerzielle Kooperation
- Botschaftspersonal und Personal anderer diplomatischer Vertretungen und Handelsvertretungen
- Richter und Staatsanwälte, die in die Überprüfung nicht einbezogen oder diese nicht bestanden haben
- Mitarbeiter aller Ebenen der K I und K II
- Mitglieder und Beauftragte der B-Struktur (Kader) des MfS
- hauptamtliche Mitarbeiter der ABI
- Armee- und Polizeioffiziere, die in die Überprüfung nicht einbezogen oder diese nicht bestanden haben

2. Darüber hinaus ist bei den nachstehenden Personengruppe jeweils besonders gründlich zu klären, ob sie sich durch ihr dienstliches oder berufliches Verhalten für eine Beschäftigung im öffentlichen Dienst disqualifiziert haben:
- Bezirksärzte
- Kreisärzte
- hauptamtliche Sportfunktionäre
- Zollbedienstete
- Mitarbeiter der Grenzkontrolle
- Leiter von VS-Stellen
- Funktionäre der Zivilverteidigung, Fachschuldirektoren, Direktoren der Institute der ehemaligen Akademie der Wissenschaften
- hauptamtliche Funktionäre der Nationalen Front

· Über diesen Antrag wird am kommenden Mittwoch im Landtag abgestimmt. Wie Dr. Dieter Reinfried dazu erklärte, handelt es sich bei der Aufstellung um keine „schwarze Liste"; die Regelung hätte auch keine Gesetzeskraft, sondern sei als „Orientierung" für diejenigen gedacht, die auf verschiedenen Ebenen des öffentlichen Dienstes für Personaleinstellungen verantwortlich sind. Gegen gültige Arbeitsverträge könne daher nicht vorgegangen werden.

Auszug aus dem Artikel in der Leipziger Volkszeitung vom Juni 1991: „Der Antrag der CDU-Fraktion zur Drucksache 1/395 (1/139) „Ausschluß der Verantwortungsträger des vergangenen SED-Regimes vom öffentlichen Dienst im Freistaat Sachsen als nicht geeignete Personen …" hat oben stehenden Wortlaut.

Auskunft zum bisherigen Tabu-Thema Selbsttötungen gibt Oberrat Joachim Swirta

32 Bürger schlossen 1990 mit sich und dem Leben ab

Die Motive: nun neben Krankheiten auch Perspektivlosigkeit

Aus Polizeiberichten wurden sie geflissentlich gestrichen, in Anzeigen stand dazu „tragische Umstände", laut Statistischem Jahrbuch gab es sie überhaupt nicht in der DDR, die Selbstmorde. – Suizid, wie der wissenschaftliche Ausdruck dafür heißt, paßte eben nicht zu diesem Land, in dem es ob seiner unübertroffenen sozialen Sicherheiten auch nicht einen einzigen Grund für den eigenen Abschluß mit dem Leben gab. Angeblich.

Doch sah die Praxis – und das blieb keinem verborgen – durchaus anders aus als die Statistiken in Jahrbüchern. Auch im Kreis Grimma.

Zum bisherigen Tabu-Thema Suizide sprach Silke Hoffmann mit Oberrat Joachim Swirta, Leiter des Kreisamtes der Polizei:

Ist das Schweigen um Selbsttötungen nun endlich aufgehoben?

Ich sehe wahrlich keinen Grund dafür über ein solch brisantes Thema nicht öffentlich zu sprechen. Ja, es gab immer Suizide, und durch unsere Kriminalisten wurde natürlich bei jedem solchen „Tod unter verdächtigen Umständen" unfassend ermittelt, ob eine Straftat vorliegt, ein Unfall oder eben Selbsttötung.

Sicher ist die Zeit nun reif, auch Zahlen zu nennen.

Im vergangenen Jahr gab es im Kreis Grimma 21 Selbsttötungen, in diesem Jahr waren es bereits bis zum 7. November 32. Man vergleiche dazu die Zahl der Verkehrsunfalltoten: 7 im Vorjahr, und bis zum 7. November 1990 sind es 15.

Hinter jeder einzelnen dieser Ziffern verbergen sich menschliche Tragödien. Ausweglosigkeit. Nicht weiterwissen. Ist es auch Sache der Polizei, sich mit Ursachen und Motiven zu befassen?

Das kann gar nicht anders sein, wenn korrekt ermittelt werden soll. Als Motive überwiegen vor allem Krankheiten (manchmal auch eingebildete). Immerhin ist der größte Teil der Menschen, die ihrem Leben selbst ein Ende setzen, über 50 Jahre alt. Und in jedem Jahr zeigt es sich, daß die Depressionen vor allem in den Herbst- und Wintermonaten, sicher oft auch Einsamkeit, mit zu einem solchen Schritt beitragen.

Die Zahl der Selbsttötungen hat sich im Kreis in diesem Jahr rapide erhöht. Das Motiv Krankheit wird nicht allein Ursache dafür sein.

Zunehmend resignieren Menschen, die sich einer Auswegslosigkeit gegenübersehen, das ist richtig. Gerade in jüngster Zeit gab es zwei Fälle im Kreis, wo die Menschen keine Perspektive in puncto Arbeitsplatz, mehr sahen. Bei einem Bürger war das damit verbunden, daß er aufgrund von Beschuldigungen, für den Stasi tätig gewesen zu sein, keine Arbeitsstelle bekam.

Wenn es nun leichter als vorher ist, in Besitz einer Schußwaffe zu gelangen, sehen Sie darin eine weitere mögliche Erhöhung der Suizide?

Die bislang meistgewählte Art, seinem Leben ein Ende zu setzen, ist mit rund 80 Prozent die Strangulation, dann folgen Tabletten, Gas, Fenstersturz und anderes. Ich denke, daß der Schußwaffengebrauch auch künftig keine so entscheidende Rolle spielen wird. Denn in der Kriminalliteratur ist nachgewiesen, daß Schüsse auf den eigenen Körper oft nur zu versuchter Selbsttötung führen. Außerdem wird die Erlaubnis für Schußwaffen nur unter besonderen Umständen, wie bei Gefährdung einer Person über das Normale hinaus, gegeben.

Wenn die Polizei gerufen wird und einen Suizid feststellt, ist es dann nicht ein bedrückendes Gefühl, die Angehörigen zu informieren?

Ja, bei jedem Tod unter verdächtigen Umständen ist dies der unangenehmste Teil unserer Arbeit. Als ich kürzlich in Bayern weilte, sah ich dort etwas, was ich sehr gut finde. Da sind Polizei-Seelsorger mit der ethischen Ausbildung von Polizeibeamten betraut. Zum Ausbildungsprogramm gehören auch die einfühlsame Überbringung von Todesnachrichten, und das Gespräch mit Menschen, die akut damit drohen, sich das Leben zu nehmen. Wir wären den Vertretern der Kirchen dankbar, wenn sie uns in entsprechender Weise unterstützten.

1991

Leipziger Stasi-Professoren:
Minister soll Aussagen widerrufen

Leipzig – Der Skandal um die gefeuerten Professoren der Leipziger Uni-Klinik ist noch nicht zuende. Kaum hatte Prof. Dr. Hans Joachim Meyer, sächsischer Staatsminister für Wissenschaft und Kunst, öffentlich die Namen der Leipziger Professoren bekanntgegeben, die er der Stasi-Mitarbeit für überführt hielt, hagelte es Proteste der Betroffenen.

Inhalt: Er soll alles was er sagte, öffentlich zurücknehmen. Die Leipziger Anwälte Diestel, Beitz und Partner setzten ihm dazu eine Frist bis zum heutigen Tag. BILD druckt deshalb den genauen Wortlaut der Ministerrede in Auszügen.

Meyer: „Die Kampagne der letzten Tage veranlassen mich, dazu hier Angaben über Personen zu machen. Ich werde daher über einige dieser Kündigungsfälle sprechen."

Es folgt die wörtliche Rede des Ministers in Auszügen:

„Prof. Karl-Friedrich Lindenau, seit 1971 GMS unter dem Decknamen ‚Gymnasium', seit 1984 IMS unter dem Decknamen ‚Skalpell', Fragebogen (in denen die Professoren eigene Angaben machten, d.Red.) nur dienstliche Kontakte zum MfS."

Prof. Peter Lommatzsch, seit 1978 IMS unter dem Decknamen ‚Peter'. Vielfache Begegnung mit Offizieren des MfS, Aufnahme von Patienten unter konspirativen Umständen. Letzter Treff im August 1989.

Prof. Hartmut Michalski, nach Informationen der Gauck-Behörde als GMS unter dem Decknamen ‚Erhard' geführt, gab dem MfS Informationen über seine Mitarbeiter.

Prof. Karl-Eugen Ruckhäberle, von 1974 bis 1976 sowie von 1982 bis 1987 Leitungsmitglied der Parteiabteilungsorganisation der SED, 1977 bis 1980 APO-Sekretär der Universitätsfrauenklinik, 1989 erneut in der Grundorganisationsleitung. Als stellvertretender Klinikdirektor informierte er das MfS über seine Mitarbeiter im Zusammenhang mit Reisen nach Westdeutschland.

Dr. Christoph Schindler.

Nach seinem Studium 2 1/2 Jahre lang hauptamtlicher FDJ-Sekretär und Mitglied der SED-Kreisleitung. Als APO-Sekretär gab er viele Jahre lang interne Informationen an das MfS über seine Mitarbeiter und seinen dienstlichen Bereich.

Prof. Siegfried Kiene: In acht Fällen setzte Prof. Kiene nachweislich die Beförderung solcher SED-Mitglieder, ich betone ausdrücklich solcher SED-Mitglieder, zu Ordentlichen Dozenten bzw. Ordentlichen Professoren durch, deren fachliche Kompetenz gegenüber anderen Bewerbern nur zweitrangig war. In zwölf weiteren Fällen benachteiligte er, ebenfalls nachweislich, aus politischen Gründen wissenschaftliche Mitarbeiter in ihrer Karriere. Er betrieb diese Personalpolitik auch nach der Wende weiter.

Prof. Joachim Weisskopf, Vizepräsident des Hockeyverbandes von 1966 bis 1970 und dann des Kanusportverbandes von 1970 bis 1990. Er belegte Sportler mit Trainingsverbot, die Kontakte zu Westverwanten nicht abbrechen wollten. Er verhinderte die Berufung eines Kollegen, der ausschließlich positive Gutachten hatte, und setzte die Berufung eines - ich zitiere aus den Akten wörtlich - ‚ideologisch gefestigten, aber fachlich erheblich schwächeren Kollegen' gegen negative Gutachten durch."

Professor Hans-Joachim Meyer.   Professor Peter Lommatzsch.   Professor Hartmut Michalski

Professor Kiene: „Niemals für die Stasi gearbeitet"

Nach den Enthüllungen des sächsischen Staatsministers für Wissenschaft und Kunst, Pofessor Dr. Hans-Joachim Meyer, wehrt sich nun einer der Stasi-Mitarbeiter. Professor Mediziner. Professor Dr. sc. med. Siegfried Kiene ließ über seine Anwälte Diestel, Beitz und Partner mitteilen, sämtliche gegen ihn erhobenen entsprächen nicht der Wahrheit. Er hätte nie für die Stasi gearbeitet. (Anmerkung der Red.: Den genauen Wortlaut der Minister-Enthüllungen

Bildzeitung vom 30.09.1992

125

Prof. Kiene z.B. wurde von seinem Oberarzt schwer politisch angegriffen ob seiner Parteizugehörigkeit. Mit dem Oberarzt hatte ich wie auch mit Prof.Kiene fachlich eine sehr gute Kommunikation. Stellt sich die Frage, warum sich Menschen plötzlich so wandeln. Antwort: Es ist das unerbitterliche Streben nach eigener Macht.

Aber das war auch schon einmal so und wird auch immer wieder so sein, denn die herrschende Partei- (Macht) enleert sich aller eventuell störenden Kader. Mein Vater hatte das auch sehr hautnah erleben müssen.

Da gab es aber auch noch andere Negativerfahrungen mit dem neuen System. Irgendwie mussten sich ja die Fachgesellschaften vereinen – das war keineswegs einfach, denn es gab allein schon Widerstände gegen die Anerkennung der DDR-Facharztbezeichnungen. Ich kenne zwei Professoren aus Magdeburg, die um ihre Mitgliedschaft in der Gesellschaft für Plastische Chirurgie der BRD regelrecht kämpfen mussten. Man wollte einfach den DDR-Facharzt Plastische Chirurgie nicht anerkennen. Einem anderen Kollegen wurde der Facharzt Orthopädie nicht anerkannt, er musste sich einer erneuten Prüfung unterziehen. Einig Vaterland????

Zu meiner Lebensgeschichte ist festzuhalten, dass ich in zwei absolut unterschiedlichen Gesellschaftssystemen aufgewachsen bin, ich habe eine Top-Ausbildung im System A genießen können, dort auch gearbeitet, große Verantwortung getragen, habe mich fachlich sehr engagiert und nicht nur nationale Anerkennung für meine Arbeit bekommen. Mit dieser Funktion in großer Verantwortung war ich in das System eingebunden. Alle, die Verantwortung trugen oder sich um eine solche Aufgabe bemühten, mussten sich einbringen. Ist es nicht heute noch so und wird es auch immer sein?

Man muss sich einmal klarmachen, in welchen Jahren meine Generation groß wurde – Jahrgang 1940. Wir wurden wie heute auch von unserem Umfeld geprägt, in der Schule kamen später die Pioniere und die FDJ hinzu, die uns damals begeistern konnten, denn es ging um Kameradschaft und Gemeinsamkeit. Das eigentliche Anliegen uns gegenüber war zunächst nicht verwerflich – dies auch deshalb, weil die Kriegsjahre noch nicht so sehr lange zurücklagen. Das Sein prägt das Bewusstsein!! Wir kannten nicht das System B, in das wir später überführt wurden. Es gab in den ersten Jahren kein Westfernsehen, ich habe es erst 1964 – also mit 24 Jahren – zu Hause erleben können, weil meine Mutter für unseren schwerkranken Vater einen solchen Fernseher angeschafft hat. Natürlich fanden wir das, was wir da sahen, toll, und so manche Wünsche wurden geboren. Meine Verwandtschaft war nahezu vollständig im Westen, was mir dann auch später im System A vielfach zum Hindernis in der beruflichen und privaten Entwicklung werden sollte. Ich durfte nicht an der Militärakademie in Greifswald Medizin studieren und ich durfte auch nicht reisen. Ich wollte Militärarzt werden (noch vor meiner Armeezeit). Das hing damit zusammen, dass ich mich sehr für Militär- und Raketentechnik interessiert hatte und ich hierzu zum Abitur eine umfangreiche Dokumentation gemacht hatte. Natürlich war das alles russische Technik, denn andere Urquellen gab es damals nicht – wir schrieben das Jahr 1958!!!

Den Gedanken einer Flucht hatte ich nie. Ich liebte meinen Beruf, ich konnte meine Patienten sehr hochwertig behandeln und hatte keinesfalls den Eindruck, dass es ihnen an Leistungen mangelte.

Der Patient stand für uns absolut im Mittelpunkt. Unser ganz persönliches Wissen, unsere Kunst des Operierens auch unter nicht immer optimalen Bedingungen waren die größten Geschenke und Sicherheiten für unsere Patienten. Das Arzt-Patient-Verhältnis war ungetrübt und beruhte auf einem nahezu unerschütterlichen Vertrauensverhältnis, wie man es sich heute aus meiner persönlichen Erfahrung nicht mehr vorstellen kann. Es gab kein wirtschaftliches Interesse an der persönlichen Behandlungskonzeption! Es gab nur diese beinahe unheilbaren Krebserkrankungen der Lunge. Und wir hatten vor fünfzig Jahren nur die Operation als wirklich erfolgreiche Waffe. Chemo- und Strahlentherapie waren primär nur palliativ hilfreich.

Wir haben sehr viel Neues gewagt und wir waren dabei auch sehr erfolgreich.

Klar, dass sich die Politik für uns interessierte. Wir waren Aushängeschild und wurden als Leistungserbringer einer sozialistischen Gesellschaft oder einer solchen, die es werden sollte, gepriesen. Das ist natürlich aus der heutigen Sicht völlig absurd. Die Leistungen waren immer unsere ganz persönlichen Leistungen! Wie heute im System B auch. Unsere eigenen Innovationen auf dem Gebiet der Medizin und des Fachgebietes waren unser Antrieb, das ist doch heute überhaupt nicht anders. Der Staat hat nur für die notwendigen Rahmenbedingungen zu sorgen! Wie hat Prof. Dr. Dr. hc. Schmitt in seinem Buch „Erinnerungen eines Chirurgen" 2003 geschrieben: Konrad Reich Verlag GmbH Rostock; ISBN 3-86167-117-4.

„Es gibt keinen sozialistischen Blinddarm"

Und weiter heißt es in seinen Erinnerungen: „Natürlich hätte ich mir in meinem Beruf vieles ganz anders gewünscht, jedoch konnte ich mir die Umstände, die mein Leben bestimmt haben, nicht aussuchen." Und weiter heißt es: „Wirkliches Arzttum ist stets uralte menschliche Verhaltenskunst mit zwei Worten: tätiger Humanismus."

Wenn der Neurochirurg Prof. W. in Sachsen Operationen macht, die sonst in der Welt nicht gemacht werden, ist das sein ganz persönliches Wissen und Können!!! Die experimentellen Untersuchungen als fachliche Basis für solche Operationen hat er selber entwickelt und getestet. Das war nicht die Bunderepublik Deutschland. Letztere hat ihm lediglich aufgrund der Gesellschafts- und Wirtschaftsstruktur die Möglichkeit für seine Qualifikationen eingeräumt. Und dass er eine Stiftung gründen konnte für die Behandlung sehr seltener neurologischer Erkrankungen, ist auf sein Wissen und auf sein Können begründet, nicht auf die Politik. Eine dankbare Patientin aus Norwegen hat ihm die einmalige Chance geboten.

Der Beruf des Arztes steht vom Wesen her über politischen Systemen- er sollte es jedenfalls. Heute müssen wir leider feststellen, dass der Arztberuf seine primär humanitären Orientierungen verloren hat, denn die Medizin ist in dem Zwang zur Wirtschaftlichkeit zu einem Industriezweig geworden. Man stelle sich nur vor, wie viele Milliarden die Pharmaindustrie am Leid der Kranken verdient. Was sagen unsere großen Ethiker dazu?? Wird es nicht Zeit, unser Gesundheitssystem wieder menschlich zu machen?! Oder ist das heute alles Geschichte? Kann es sein, dass eine große Klinik in MV wirtschaftliche Interessen vor wissenschaftliche Themen stellt? (persönliche Mitteilung).

Ich selber war immer sehr frei in meinen Entscheidungen und nur den Patienten verpflichtet. Ich war „vogelfrei", denn ich gehörte primär nicht der Partei an. Als man mich von Berlin-Buch aus dem Krebsforschungsinstitut 1977 nach Zschadraß als Chefarzt der dortigen Lungenklinik berufen hat, war ich parteilos!! Und das war nicht irgendeine Lungenklinik!

Ich war mit der fachlichen und organisatorischen Aufgabe absolut ausgefüllt und konnte mich überhaupt nicht um irgendwelche politischen Themen kümmern.

Wir sind unser ganzes Leben in die Wechselbeziehung zwischen gesellschaftlichem Machtsystem und den persönlichen Interessen tief integriert.

Waren es im System A die parteipolitischen Vorgaben inkl. Überwachung durch die Staatssicherheit, so sind es nun im System B auch wieder in erster Linie Machtinteressen und dann das zwanghafte Streben nach wirtschaftlichem Gewinn. Wer keinen Gewinn macht, geht unter – das eiserne Gesetz der Marktwirtschaft.

Im System A blieben die sehr engen Arzt-Patient-Beziehungen erhalten, die sich im System B nahezu vollständig verlieren. In System A wurde nach medizinischen und ethischen Grundsätzen die Behandlung auch im Pflegebereich organisiert und eine auch auf Gespräche orientierte Zuwendung zum Patienten praktiziert. Dies geht im System B verloren. Es wird in der Pflege und in der Arzt-Patient-Beziehung nach Zeitvorgaben gearbeitet, dies wird zwangsweise für die Gesprächsführungen und die notwendige Patientenaufklärung ein abstrakter Einschlag in die ursprünglichen Grundwerte ärztlichen Handelns. Patientenzahlen pro Quartal in der Kassenarztpraxis werden nach Budget verrechnet – wenn das aufgebraucht ist, muss kostenfrei behandelt werden oder es gibt einfach keine neuen Termine mehr. Wundern da die langen Wartezeiten für einen Arzttermin?!

Es gibt keine Frage, wir mussten auch im System A zunehmend lernen, wirtschaftlich zu denken und zu handeln. Die Krankenhausfinanzierung lag in staatlicher Hand, Privatkrankenhäuser sind mir nicht bekannt geworden, nur wenige private Arztpraxen gab es. Die Verkürzung der vor fünfzig Jahren langen Krankenhausliegezeiten von vier Wochen mussten von uns gedrückt werden und zunehmend gewann die ambulante Behandlung schon damals an Bedeutung. Das war nicht so ganz einfach, denn in der Behandlung von Lungenerkrankungen spielte zu dieser Zeit auch die Tuberkulose noch eine große Rolle – und eine solche Behandlung kostete Zeit!! Wir haben uns auch im System A sehr um eine wirtschaftliche Realität in der Behandlung unserer Patienten gekümmert, aber sie war nicht Profit orientiert. Wir waren Angestellte und bekamen ein Gehalt – egal, was wir an Leistungen erbrachten. Das hat uns andererseits auch zunehmend geärgert, dass wir nicht leistungsgerecht bezahlt wurden, obwohl alle Funktionäre immer wieder davon sprachen: jeder nach seinen Fähigkeiten und seinen Leistungen.

Ich konnte nach der Wende noch dreieinhalb Jahre meine Verantwortung als Chef der Thoraxklinik Zschadraß wahrnehmen. Ich konnte also noch reichlich Erfahrung sammeln in der nun notwendigen Umsetzung medizinischen Handelns gegenüber Patienten unter zunehmenden wirtschaftlichen Vorgaben und Zwängen!

Nicht nur für die ärztliche Tätigkeit sehe ich einen gravierenden Unterschied der beiden Systeme: Im System A hatten wir für die Finanzierung der Behandlungen – ambulant oder stationär – keine Verantwortung! Im System B trifft es uns aber u. U. ganz persönlich!!

Im Krankenhausbereich wird nach langem Ringen nach Pauschalen für bestimmte ICD-Codes von den Krankenkassen bezahlt. Die Krankheiten werden also zu einer wirtschaftlichen Größe!! Nicht die Tage der notwendigen Behandlung im Krankenhaus werden interessant, sondern einzig und alleine die Behandlungsdiagnose – nur sie wird bezahlt.

„Fallpauschalensystem und Pflegepersonalkosten für die unmittelbare Patientenversorgung auf bettenführenden Stationen (Pflege am Bett)

Bis zum Jahr 2003 wurden allgemeine Krankenhausleistungen über krankenhausindividuelle Pflegesätze vergütet, die je Tag des Krankenhausaufenthaltes zu zahlen waren. Diese tagesbezogenen Pflegesätze wurden unabhängig davon berechnet, wie hoch der Behandlungsaufwand für einzelne Patientinnen und Patienten tatsächlich war. Die Krankenversicherung zahlte damit bei gleicher Behandlungsdauer für leicht erkrankte Patientinnen und Patienten genauso viel wie für schwer kranke Patientinnen und Patienten, die in der gleichen Fachabteilung eines Krankenhauses behandelt wurden. Die Vergütung erfolgte somit tagesbezogen und nicht leistungsorientiert. Die stationäre Verweildauer war im internationalen Vergleich sehr hoch.

*Der Gesetzgeber hat deshalb beschlossen, diese Vergütungsform durch ein „**durchgängiges, leistungsorientiertes und pauschalierendes Vergütungssystem**" (§ 17b Abs. 1 Satz 1 KHG) zu ersetzen.*

Ab dem Jahr 2003 wurde ausgehend von einer in Australien entwickelten Grundlage schrittweise das deutsche DRG-Fallpauschalensystem eingeführt und als „lernendes System" weiterentwickelt."

Originaltext aus: Bundesministerium für Gesundheit, Krankenhausfinanzierung 2021
https://www.bundesgesundheitsministerium.de/krankenhausfinanzierung.html

Der Patient muss also entlassen werden, bevor der Kostensatz der Krankenkassen aufgebraucht ist, denn danach gibt es keinen Gewinn mehr!! Wen wundert es, dass es natürlich nur noch interessant wird, Patienten mit Diagnosen zu behandeln, die Geld für das Krankenhaus bringen. Das Problem ist bis heute – 2021 – nicht gelöst!!! Dabei wäre eine Finanzierung nach klarer Analyse der tatsächlich entstehenden Behandlungskosten relativ unkompliziert möglich.

Wir haben z. B. in unserer rein privaten Einrichtung in Rostock Statistik über den tatsächlichen Material- und Medikamentenverbrauch bei jeder Operation geführt. Alle zwei bis drei Jahre haben wir die Kosten überprüft. Diese Kosten wurden dann mit den allgemeinen und speziellen Betriebskosten zu einem aktuellen Operationskostensatz errechnet.

Für den ambulanten, sogenannten kassenärztlichen Bereich, ist das nicht anders geworden. Zehn Jahre habe ich in dem System gearbeitet. Die Kennziffern waren erdrückend. Und wenn man die Vorgabe z. B. im Verbrauch bestimmter Medikamente überschritt, wurde man durch eine Wirtschaftlichkeitsprüfung in Regress genommen!!!! Mir wurde das auch angedroht.

Geisler: Rückzahlung durch Ärzte machbar

DRESDEN (dpa). Der sächsische Gesundheitsminister Hans Geisler (CDU) hält die Rückzahlung von überzogenen Budgetanteilen für Heil- und Hilfsmittel durch die sächsischen Ärzte für machbar. Das sagte er in einem Interview. Wenn sich die niedergelassenen Ärzte daran nicht hielten, seien sie verpflichtet, die Überschreitungen aus eigener Tasche zu bezahlen. Die Rückzahlung sei notwendig, um die Beitragsstabilität der gesetzlichen Krankenkassen zu sichern.Dagegen protestierten die sächsischen Hausärzte auf einer Verbandstagung in Oybin gegen die Arzneimittelbudgetierung.
Seite Sachsen

Minister Geissler: Ärzte können in Regress genommen werden

Kranke können in Klinik abgewiesen werden

Ausgabenbudget vieler Einrichtungen ausgeschöpft

CHEMNITZ (NA). Patienten müssen sich nach Einschätzung der Deutschen Krankenhausgesellschaft bis zum Jahresende darauf einstellen, daß sie in Kliniken unter Umständen abgewiesen werden, wenn nicht ein Notfall vorliegt. Auch in Sachsen kann das im Einzelfall nicht ausgeschlossen werden, bestätigte gestern Dr. Stefan Helm, Geschäftsführer der Krankenhausgesellschaft Sachsen. Wenn medizinisch machbar, könnten planbare Operationen auch auf Anfang nächsten Jahres verschoben werden. Wie die niedergelassenen Ärzten hätten auch Krankenhäuser und Kliniken das vom Gesetzgeber vorgeschriebene Ausgabenbudget ausgeschöpft. Laut Helm wurden fünf Prozent mehr Krankenhausleistungen in Anspruch genommen. In Sachsen gibt es 95 Einrichtungen mit rund 30.500 Betten.

Auch die Bundesversicherungsanstalt für Angestellte (BfA) sieht aufgrund der gesetzlich verfügten Ausgabenbegrenzung Handlungsbedarf. Gestern hat die Anstalt rund 9000 Betten in Vertragseinrichtungen gekündigt. Insgesamt müßten für das nächste Jahr bundesweit rund 12.000 Betten in 120 Einrichtungen aufgegeben werden, sagte BfA-Präsident Herbert Rische. Von den Sparbeschlüssen seien auch BfA-eigene Kliniken betroffen. So werde ein Bau in Bad Muskau vorerst zurückgestellt.

Budgetierung von Krankenhäusern

Auf Spruchbändern und in Sprechchören forderten gestern mehr als 5000 Ärzte, Apotheker und Patienten die Abschaffung des Arzneimittelbudgets. Zu der Demonstration vor dem Dresdner Landtag hatte der sächsische Berufsverband der Fachärzte für Allgemeinmedizin aufgerufen. Foto dpa

Ärzteprotest am 11.12.1997

Ist es da verwunderlich, dass Ärzte sich sehr streng an das ihnen vorgegebene Budget halten? Wenn die „zugelassenen Patientenzahlen" erreicht sind, kann eben kein neuer Patient versorgt werden! Wie soll das gegenüber den Patienten argumentiert werden??? Die Ärzte können überhaupt nicht frei entscheiden!. Der Arzt als Freiberufler ist Geschichte.

Die ärztliche Tätigkeit in den beiden Systemen unterscheidet sich also brutal:

Eine patientenorientierte, humanistisch und ethisch geprägte Arzt-Patient-Beziehung im System A steht einem Profitzwang im System B gegenüber. Patienten werden zu einer Wirtschaftsware, die umso mehr interessant wird, je mehr sie Chancen bietet, Geld zu verdienen. Nicht umsonst werden die großen Gesundheitseinrichtungen heute von Betriebswirten bzw. Kaufleuten geführt. Da gibt es dann auch mal Anweisungen an die Chefs der Abteilungen, was zu tun und zu lassen ist!

„Die Budgetierung ärztlicher Leistungen im ambulanten und stationären Bereich führt dazu, dass immer mehr Kernaufgaben der Krankenhäuser begrenzt werden müssen"

(Ärzteblatt Sachsen 7/2002). Dadurch entwickelten sich die sogenannten Igelleistungen, die nicht in den Leistungsumfang der gesetzlichen Krankenkassen gehören. Die Dominanz wirtschaftlicher Aspekte für den Arzt bedeutet für die Medizin, ethische Fragen müssen neu justiert werden". Für den Eid des Hippokrates ist ohnehin schon seit 1993 die Berufsordnung der jeweiligen Landesärztekammern getreten.

Berufsordnung für die Ärztinnen und Ärzte in Mecklenburg-Vorpommern
vom 20. Juni 2005 (Amtsblatt M-V/AAz. 2005, S. 917, Ärztebl. M-V 07/2005, Sonderheft S. 83. ff.), zuletzt geändert durch Satzung vom 11. Januar 2016 und 1. Juni 2016 (Ärztebl. M-V 07/2016, S. 266)
Die Berufsordnung geht zurück auf das Heilberufsgesetz des Landes Mecklenburg-Vorpommern vom 22.1.1993

Gelöbnis
Für jeden Arzt gilt folgendes Gelöbnis:

„Bei meiner Aufnahme in den ärztlichen Berufsstand gelobe ich, mein Leben in den Dienst der Menschlichkeit zu stellen. Ich werde meinen Beruf mit Gewissenhaftigkeit und Würde ausüben. Die Erhaltung und Wiederherstellung der Gesundheit meiner Patienten soll oberstes Gebot meines Handelns sein. Ich werde alle mir anvertrauten Geheimnisse auch über den Tod des Patienten hinaus wahren. Ich werde mit allen meinen Kräften die Ehre und die edle Überlieferung des ärztlichen Berufes aufrechterhalten und bei der Ausübung meiner ärztlichen Pflichten keinen Unterschied machen weder aufgrund einer etwaigen Behinderung noch nach Religion, Nationalität, Rasse noch nach Parteizugehörigkeit oder sozialer Stellung. Ich werde jedem Menschenleben von der Empfängnis an Ehrfurcht entgegenbringen und selbst unter Bedrohung meine ärztliche Kunst nicht in Widerspruch zu den Geboten der Menschlichkeit anwenden. Ich werde meinen Lehrern und Kollegen die schuldige Achtung erweisen. Dies alles verspreche ich auf meine Ehre."
Dieses Gelöbnis ist im Jahr 2021 völlig überholt, denn es widerspiegelt in keiner Weise die heute im Arzt-Patient-Verhältnis bestehenden juristischen und wirtschaftlichen Zwänge

Der Hippokratische Eid
„Ich schwöre bei Appollon, dem Arzt und Asklepios und Hygieia und Panakeia und allen Göttern und Göttinnen, indem ich sie zu Zeugen rufe, dass ich nach meinem Vermögen und Urteil diesen Eid und diese Vereinbarung erfüllen werde: Den, der mich diese Kunst gelehrt hat, gleich zu achten meine Eltern und ihm an dem Lebensunterhalt Gemeinschaft zu geben und ihn Anteil nehmen zu lassen an dem Lebensnotwendigen, wenn er dessen bedarf, und das Geschlecht, das von ihm stammt, meinen männlichen Geschwistern gleichzustellen und sie diese Kunst zu lehren, wenn es ihr Wunsch ist, sie zu erlernen ohne Entgelt und Vereinbarung und an Rat und Vortrag und jeder sonstigen Belehrung teilnehmen zu lassen meine und meines Lehrers Söhne sowie diejenigen Schüler, die durch Vereinbarung gebunden und vereidigt sind nach ärztlichem Brauch, jedoch keinen anderen. Die Verordnungen werde ich treffen zum Nutzen der Kranken nach meinem Vermögen und Urteil, mich davon fernhal-

ten, Verordnungen zu treffen zu verderblichem Schaden und Unrecht. Ich werde niemandem, auch auf eine Bitte nicht, ein tödlich wirkendes Gift geben und auch keinen Rat dazu erteilen; gleicherweise werde ich keiner Frau ein fruchtabtreibendes Zäpfchen geben: Heilig und fromm werde ich mein Leben bewahren und meine Kunst. Ich werde niemals Kranke schneiden, die an Blasenstein leiden, sondern dies den Männern überlassen, die dies Gewerbe versehen. In welches Haus immer ich eintrete, eintreten werde ich zum Nutzen des Kranken, frei von jedem willkürlichen Unrecht und jeder Schädigung und den Werken der Lust an den Leibern von Frauen und Männern, Freien und Sklaven. Was immer ich sehe und höre, bei der Behandlung oder außerhalb der Behandlung, im Leben der Menschen, so werde ich von dem, was niemals nach draußen ausgeplaudert werden soll, schweigen, indem ich alles Derartige als solches betrachte, das nicht ausgesprochen werden darf. Wenn ich nun diesen Eid erfülle und nicht breche, so möge mir im Leben und in der Kunst Erfolg beschieden sein, dazu Ruhm unter allen Menschen für alle Zeit; wenn ich ihn übertrete und meineidig werde, dessen Gegenteil."

Natürlich müssen unter den wirtschaftlichen Zwängen sehr hohe Qualitätsansprüche gestellt werden an die Behandlung!! Komplikationen sind aus jeder Sicht kontraproduktiv, sie schmälern den Gewinn!! Was bleibt zu tun? Es werden neue Behandlungsdiagnosen in das Konzept nach dem aktuellen Stand der Genesung des Patienten eingeführt oder die Patienten werden frühzeitig in Rehaeinrichtungen verlegt – ambulant oder stationär. Damit lässt sich wenigstens ein wirtschaftlicher Teilschaden vermeiden.

Das war ein Handlungszwang, den wir Ostärzte und ich ganz besonders, lernen mussten. Wir wurden also gezwungen, unsere eigentlich allein dem Wohl der Patienten geschuldete Ausbildung und Tätigkeit finanziellen Zwängen unterzuordnen. Dabei war es ja auch in den letzten Jahren im System A zunehmend zu einer wirtschaftlichen Betrachtungsweise im Krankenhaussystem gekommen. Das konnte auch nicht anders sein, denn die wirtschaftlichen Ressourcen im System A wurden immer schlechter. Aber die Verantwortung dafür lag nicht in unserer persönlichen Verantwortung. Heute tragen wir im System B die volle

Verantwortung. Wir sind zum Leistungsträger für den Profit der Krankenhauskonzerne aufgestiegen.

Im Deutschen Ärzteblatt 105 H 38 vom 19.9.2008 wird darauf hingewiesen, dass sich die Konturen des ärztlichen Berufsbildes verwischt haben:

„Bin ich noch Arzt oder schon Hampelmann der Geschäftsführung?"

Die industriell organisierte medizinische Verantwortung liegt mehr und mehr in den Händen von Konzernen. Krankenhäuser entwickeln sich zu Wirtschaftsbetrieben, in denen der Arzt nur noch das Mittel zum Zweck der Leistungserbringung ist.

Diese „Industrialisierung" des Gesundheitswesens verläuft schrittweise und für den Einzelnen u. U. auch nicht gleich bemerkbar, aber der Prozess lässt sich bis in das Jahr 2021 verfolgen und führt unaufhaltsam zu Problemen, die nun auch wieder in den Medien aufgegriffen werden.

OZ 3.6.21

Ärzte warnen: Kleine Kliniken vor dem Aus

Von Gabriel Kords

Im Schatten der Corona-Krise plant das Gesundheitsministerium offenbar eine fundamentale Reform der Krankenhauslandschaft. Für ländliche Regionen könnte das fatale Folgen haben.

SCHWERIN. Mediziner und Kliniken in MV laufen Sturm gegen Pläne der Bundesregierung, die Gesetze zur Krankenhauslandschaft so zu verändern, dass künftig fixe Mindestquoten für zahlreiche Eingriffe gelten. In ländlichen Regionen könnten solche Quoten oft nicht eingehalten werden, warnen die Ärzte – Zwangsschließungen von Stationen oder sogar ganzen Krankenhäusern könnten die Folge sein. Betroffen wären nicht nur kleinere Häuser, sondern auch Spezialstationen in großen Kliniken wie Neubrandenburg oder Greifswald – etwa Frühgeborenen-Stationen. In MV könnte dies die ohnehin oft schon prekäre Versorgung weiter verschlechtern, warnen die Ärzte. Die meisten Krankenkassen begrüßen die Änderungen hingegen, weil sie sich Kosteneinsparungen versprechen.

Mit der Gesetzesvorlage aus dem Bundesgesundheitsministerium von Jens Spahn (CDU) wird die Landespolitik faktisch entmachtet. MV-Gesundheitsminister Harry Glawe (CDU) könnte nichts mehr gegen die neuen Regelungen unternehmen, warnte gestern der Landesvorsitzende des Ärzteverbands Hartmannbund, Bernd Helmecke. Bislang hätten die Länder mithilfe von Ausnahmegenehmigungen von den Mindestbehandlungsquoten abweichen können: „Künftig werden die Länder dieses Recht verlieren." Dies habe weitreichende Konsequenzen für die stationäre Versorgung.

Die Landeskrankenhausgesellschaft (KGMV) hatte bereits vor zwei Wochen gewarnt, die MV-Regierung lasse sich durch das Gesetz entmachten, wenn sie es nicht verhindere. Das dürfte allerdings gar nicht so einfach sein: Das Gesetz ist nicht zustimmungspflichtig im Bundesrat, kann allein vom Bundestag beschlossen werden.

Passiere dies, verliere MV „die Planungshoheit über seine Krankenhäuser", so die KGMV. „Damit wird Harry Glawe quasi entmündigt und Ministerpräsidentin Schwesig braucht keinem Bürger mehr wohnortnahe Versorgung zu versprechen", so KGMV-Geschäftsführer Uwe Borchmann: „Eine solche Entscheidung bedeutet für Patienten in Nordrhein-Westfalen vielleicht, dass sie nur zehn Minuten weiter fahren müssen, aber Neubrandenburger müssen vielleicht demnächst bis Berlin reisen!"

Dessen unbenommen passierte der Gesetzesentwurf gestern den Gesundheitsausschuss im Bundestag und soll schon morgen vom Plenum mit den Stimmen von SPD und CDU beschlossen werden.

Kontakt zum Autor
g.kords@nordkurier.de

OZ 10.6.21

Kinderklinik vor dem Aus?

Tausende Eltern beteiligen sich an Unterschriftensammlung zur Rettung des Krankenhauses

Von Claudia Labude-Gericke

Hansaviertel. Die Nachricht sorgte vor allem bei Eltern für Angst: Seit Donnerstagabend machte eine Onlineunterschriftensammlung in vielen Whatsapp-Gruppen der Hansestadt Rostock die Runde. Dabei ging es um eine drohende Schließung der Rostocker Kinderklinik mit der Konsequenz, dass die Behandlung kranker Mädchen und Jungen bald nur noch in Schwerin und Greifswald möglich wäre. Innerhalb weniger Stunden setzten mehr als 4000 Menschen ihre digitale Signatur unter die Petition – mit der Absicht, eine Schließung zu verhindern.

Noch am späten Abend erklärte die Verfasserin die Hintergründe des Aufrufs. Sie sei am Donnerstag bei der Kinderärztin gewesen. Diese erzähle mir dann, dass die Praxis darüber informiert worden ist, dass die Klinik geschlossen werden soll. Weswegen sie in der Praxis Unterschriften gegen die Schließung sammeln."

Die junge Mutter hätte sich dann bereit erklärt, die mithilfe der Onlinepetition zu unterstützen – um durch Aufmerksamkeit frühzeitig auf das Thema aufmerksam zu machen. „Dann kann man vielleicht noch etwas retten. Nämlich Leben", schrieb sie unter ihren Aufruf. Freitagfrüh war die Onlinepetition dann

> **Wir sind eine kleine Fachrichtung, bei der man sich das Personal durch attraktive Standorte und auch durch Geld sichern muss.**
>
> Steffen Büchner,
> Landesverband für Kinder- und Jugendärzte

allerdings gänzlich entfernt. „Die Klinik hat Kontakt mit mir aufgenommen und erklärt, dass eine Schließung nicht in Betracht kommt", erklärt die Initiatorin der Unterschriftensammlung gegenüber der OZ. Deswegen hätte sie auf die Bitte der Klinik reagiert und den Aufruf entfernt.

Sie wehre sich allerdings dagegen, bewusst falsche Informationen zu streuen. „Ich weiß, worüber ich mit meiner Ärztin gesprochen und was ich bei ihr unterschrieben habe", erklärt die junge Mutter. Um welche Praxis es sich handelt, wie sie allerdings ohne Rücksprache mit der Ärztin nicht verraten.

Die Universitätsmedizin reagierte am Freitagmorgen – ebenfalls mit einem Onlinestatement: „Unsere Kinder- und Jugendklinik ist nicht wie vor geöffnet. Unsere erfahrenen Pflegekräfte sowie Ärztinnen und Ärzte behandeln selbstverständlich jeden jungen Patienten!"

Aber auch wenn eine Schließung dementiert wird – die Lage an der Rostocker Kinderklinik scheint ernst. Die Kinderklinik ist nicht mehr 24 Stunden am Tag mit Kinderärzten besetzt", kritisierte bereits vor Wochen der Rostocker Kinderarzt Hagen Straßburger. Auch Kinder-Intensivmediziner würden fehlen. Zuletzt hatten 41 Ärzte der Universitätsmedizin in einem

Die Kinderklinik in Rostock: Eine Petition warnte vor ihrer angeblich drohenden Schließung. FOTO: OVE ARSCHOLL

Brandbrief an die Landesregierung auf die dramatischen Folgen der vorgegebenen Sparkurs hingewiesen. Und dabei vor allem die angespannte Situation an der Kinderklinik erwähnt. Dies hätte dazu geführt, dass der derzeitige Leiter der Kinderklinik um einen Aufhebungsvertrag bat.

Steffen Büchner, stellvertretender Vorsitzender des Landesverbandes für Kinder und Jugendärzte, weiß von Unterschriftenlisten in Rostocker Praxen. „Dabei geht es aber nicht um eine drohende Schließung der Klinik, sondern darum, al-

le Beteiligten für das Eltern-Kind-Zentrum an den Tisch zu bekommen", erklärt der Güstrower Kinderarzt. Noch Donnerstagabend hätte es Gespräche zu diesem Vorhaben gegeben. „Allerdings hat erneut die Landesregierung am Tisch gefehlt. Dass sie schweigt und keine Lösungsansätze bringt, kann man ihr mittlerweile schon wirklich zum Vorwurf machen", bilanziert Büchner.

Allen Beteiligten aus der Medizin sei die Notwendigkeit eines solchen Zentrums, über das schon mehr als zehn Jahre gesprochen wird, bewusst. „Auch die Unimedizin hat eingesehen, dass es eine vernünftige Kinder- und Jugendmedizin nicht zum Nulltarif gibt und ihre Bereitschaft erklärt, den Sparkurs da zu beenden", so Büchner.

Noch fehle allerdings das entsprechende Bekenntnis aus Schwerin. „Was es vor allem braucht, ist Nachwuchs bei den Ärzten. Wir sind eine kleine Fachrichtung, bei der man sich das Fachpersonal durch attraktive Standorte und je auch durch Geld sichern muss. Und das wurde jahrelang versäumt", erklärt er. Der Verbandsvertreter. Die Ausbildung von Fachpersonal müsse deshalb jetzt dringend angegangen werden, um die medizinische Versorgung von Kindern und Jugendlichen im Land MV sicherzustellen.

ANZEIGE

OZ am 28./29.8.21

Ärzte warnen: Land spart Rostocks Uni-Klinik kaputt

Brandbrief von 41 Medizinern / Aufsichtsrat bessert in Kinderbereich nach

Von Andreas Meyer

Rostock. Wie schlecht ist die Lage der größten Klinik im Land wirklich? 41 Mediziner – Professoren, Klinikdirektoren, Chef- und Oberärzte – der Uni-Medizin (UMR) Rostock haben sich mit einem Brandbrief an Ministerpräsidentin Manuela Schwesig (SPD) gewandt. Sie warnen, dass „die UMR den Aufgaben in der Krankenversorgung für die Region Rostock und als überregionaler universitärer Maximalversorger nicht mehr vollumfänglich nachkommen kann".

Schuld daran sei der neue, harte Sparkurs, den Aufsichtsratschef Mathias Brodkorb (SPD) mit Rückendeckung des Landes verordnet hat. Besonders besorgniserregend: „Auch eine vierte Welle einer Covid-19-Pandemie wird medizinisch nicht mehr beherrscht werden können", so die Ärzte in ihrer Lagebeschreibung. An der Uni-Klinik arbeiten rund 4300 Mitarbeiter. An der Uni-Klinik in Greifswald sind derartige Probleme derzeit nicht bekannt. Hintergrund: Ende 2019 hatte das Land den ehemaligen Bildungs- und Finanzminis-

> **Eine vierte Welle einer Covid-19-Pandemie wird medizinisch nicht mehr beherrscht werden können.**
>
> Aus dem Schreiben der Mediziner

ter Brodkorb zum neuen Chefaufseher für die landeseigenen Uni-Kliniken in Rostock und Greifswald gemacht. Nach dem Skandal um die zeitweilige Suspendierung des Rostocker Vorstandschefs Christian Schmidt sollte Brodkorb vor allem an der Warnow wieder für Ruhe sorgen. Die Vorwürfe gegen Schmidt hatten sich nach kurzer Zeit als größtenteils haltlos erwiesen, die Ermittlungen wurden eingestellt. In der Zwischenzeit war die Universitätsklinik aber schwer in Schieflage geraten: Nachdem Rostock über Jahre Gewinne eingefahren hatte, häufte das Krankenhaus Verluste in zweistelliger Millionen-Höhe an. Der Aufsichtsrat ordnete einen neuen Sparkurs an. Wohl mit dramatischen Folgen.

Die Mediziner schreiben in dem Brief, dass die Krankenversorgung aller Patienten in Gefahr sei: „Die Gründe hierfür sind fast ausschließlich auf kurzfristige Einsparungen ausgerichteten Sanierungsprozesses", heißt es. Der Vorstand soll vorgeschlagen haben, durch „Leistungssteigerungen" – also mehr Eingriffe

mehr Behandlungen – mehr Geld einzunehmen. Die Ärzte müssen ihre Stellen quasi selbst refinanzieren. Besonders dramatisch sei die Lage in der Kindermedizin in Rostock, schreiben die Mediziner in ihrem Brief. Schon vor Monaten hatten niedergelassene Kinder- und Jugendmediziner gewarnt – unter anderem davor, dass für die jungen Patienten nicht mehr rund um die Uhr Fachärzte zur Verfügung stehen.

Nun soll im Schnellverfahren nachgebessert werden. „Vorstand, Leitung der Kinder- und Jugendklinik und Aufsichtsrat haben eine Aufstockung des ärztlichen Personals der Kindermedizin über das geplante Stellenbudget hinaus vereinbart. Damit wird diese Klinik vom Konsolidierungsprozess ausgenommen", schreibt Kliniksprecherin Susanne Schimke auf OZ-Anfrage. Statt der ursprünglich und laut Sparziel geplanten knapp 27 Arztstellen, soll es nun doch fast 33 geben. Der Aufsichtsrat soll für den Rest der Uni-Klinik in diesem Jahr zwei, in den kommenden Jahren fünf Millionen Euro zusätzlich freigeben. **Seiten 5 und 10**

OZ 20.8.21

Wie groß die Differenz zwischen unseren medizinischen Leistungen und den dazu notwendigen objektiven Voraussetzungen 1988 bis 1989 im System A gegeben waren, dokumentieren Aufnahmen der Thoraxchirurgie Zschadraß aus dem Jahr 1988. Die groß gepriesenen „Kliniken Zschadraß" waren dem Verfall preisgegeben! Es ist unvorstellbar, dass wir unter diesen baulichen und hygienischen Bedingungen überhaupt noch gearbeitet haben!!! Abflussrohre der Toiletten des Obergeschoßes liefen durch den OP-Saal, der Fußboden war ein einziges Relief von defekten alten Steinfliesen, elektrische Leitungen mit ihren Anschlüssen lagen völlig offen, in den Wänden klafften Löcher, im sogenannten Wachzimmer standen die großen Sauerstoffflaschen und die Zu- und Ableitungen hingen irgendwo in der Luft.

Zustand der Thoraxklinik-Bereich Chirurgie – im Jahr 1988

Zustand der Thoraxklinik-Bereich Chirurgie – im Jahr 1988

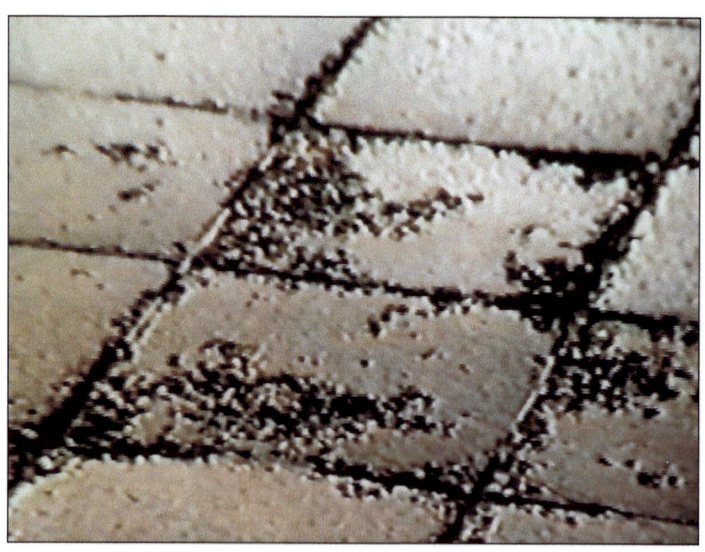

Zustand der Thoraxklinik-Bereich Chirurgie – im Jahr 1988

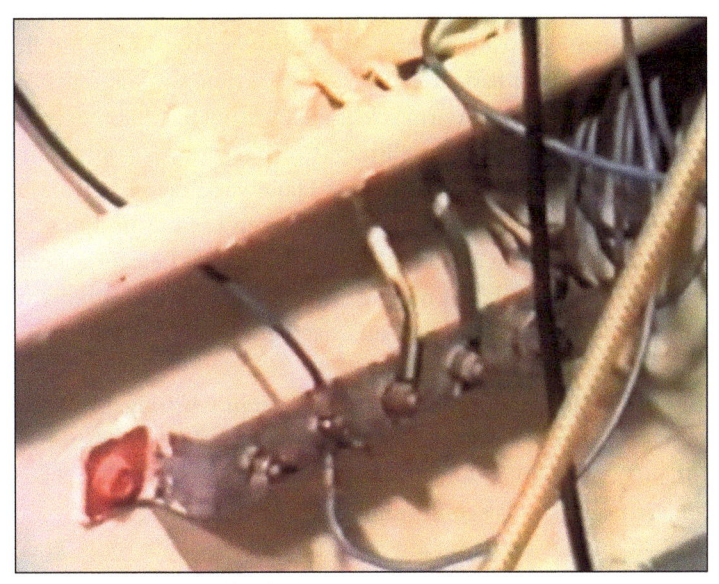

Zustand der Thoraxklinik-Bereich Chirurgie – im Jahr 1988

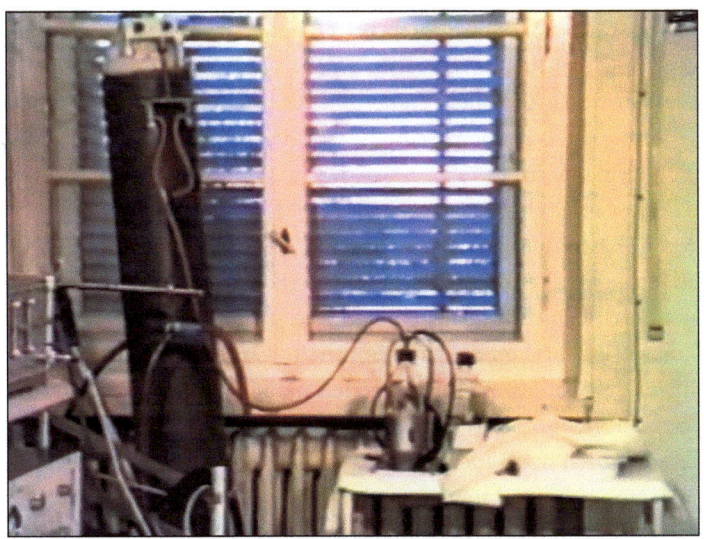

Zustand der Thoraxklinik-Bereich Chirurgie – im Jahr 1988

Dafür hatten wir selber keine Verantwortung, aber da wir für die Sicherheit unserer Patienten die Verantwortung trugen, mussten wir uns wehren und Alarm schlagen. Wir unterstanden damals als große Gesundheitseinrichtung dem Bezirk. Der konnte uns aber weder Geld noch notwendige Handwerkerkapazitäten zur Verfügung stellen. Wo sollten wir unseren Unmut und unsere Not vortragen? Mit auf die Montagsdemo nach Leipzig gehen? Das hätte uns überhaupt nicht geholfen, außerdem mussten wir uns um unsere Patienten vor und nach großen Thoraxoperationen kümmern.

Wie ist das dann mit der ärztlichen Verantwortung? Behandlungen wegen nicht mehr zu verantwortenden hygienischen Bedingungen ablehnen? Oder sollten wir nicht doch versuchen, über andere politische Wege Lösungen zu erreichen?

Ich komme damit auf ein mehr als brisantes politisches Thema in den letzten Jahren im System A zu sprechen. Meine Stasi-Akte habe ich gelesen. Ich wusste ja auch noch, dass ich als Jugendlicher mit 17 Jahren zu dieser besonderen Gruppierung durch Zufälligkeiten Kontakt hatte. Ich ging noch in die 11./12. Klasse, das war also 1957/58. Ich hatte keine Ahnung, was man mir damals eigentlich abverlangen wollte. Aber irgendwie habe ich ein Schriftstück formuliert, dem System A zu dienen, in dem ich Informationen aus dem Schuldienst (meine Eltern waren dort tätig) ausplaudern sollte.

Hier spielten ganz sicher die Napola-Vergangenheit und die Mitgliedschaft meines Vaters in der NSDAP eine große Rolle. Eigentlich habe ich mit der Sache keine Probleme gehabt, meine Eltern hatte ich informiert und sie auch diesbezüglich vorher kontaktiert und eine eigene politische Orientierung zur damaligen Zeit gab es meinerseits noch nicht – woher sollte ich die verheerenden späteren Verwicklungen erkennen??? Ich wusste eigentlich noch nichts über das andere System B in Deutschland. Ich habe und musste noch das glauben, was mir das eigene Umfeld an Wissen, Meinungen und Orientierungen vermittelte!! Und diese für mich neue „Organisation" war mir ebenfalls fremd. Tatsächlich kann ich mich nur noch daran erinnern, dass ich zweimal zu Gesprächen in eine Villa in der Nähe unseres Wohnhauses beordert wurde. In der Armeezeit in Ückermünde/ Eggesin im Flakregiment V habe ich diese Kommunikation sehr schnell beendet in einem persönlichen Gespräch. Davon stand aber nicht ein Wort in meiner Stasi-Akte – zumindest nicht in den Zeilen, die nicht geschwärzt waren!

Jahrzehnte war ich von dieser mich heute noch belastenden Zeit verschont geblieben. Mein Studium, meine Ausbildung, mein Privatleben blieben völlig frei von irgendwelchen derartigen Kontakten. Ich war und blieb politisch absolut inaktiv und konzentrierte mich voll und ganz auf meine berufliche Laufbahn. Mich wundert es heute noch, dass selbst am Zentralinstitut für Krebsforschung Berlin-Buch von uns Mitarbeitern keine politischen Statements erwartet wurden. Zweifellos war der Direktor – Prof. T. – ein exzellenter Krebsspezialist mit der Orientierung insbesondere auf die Chemotherapie von Krebserkrankungen. Prof. W. – Pathologe – war absolut konservativ, ihn interessierten eigentlich nur seine Tumortypen und die diesbezüglichen Besonderheiten. Wir lagen da beide auf einer Ebene und haben uns sicherlich dadurch ganz besonders gut verstanden. Prof. M. – Chef der Chirurgie – war aus meiner heutigen Sicht ein Mitläufer im System – ihm ging es nur ums Operieren – das konnte er aber auch. Ich musste als „Einstandsprüfung" einen ganzen rechten Lungenflügel in vierzig Minuten operativ entfernen, das war seine Vorgabe. Ich will damit versuchen, klarzumachen, dass ich auch in der Zeit in Berlin überhaupt nicht parteipolitisch attackiert wurde.

Wieder in Zschadraß

1977 waren die politischen Vorgaben im System A und die Fragen einer Parteizugehörigkeit noch nicht so dominierend, wie sie es später wurden.

Heute – im Jahr 2021 – hat sich das sehr geändert und auch Parteilose können verantwortungsvoll regionale und landesweite Aufgaben übernehmen. Meine Berufung nach Zschadraß als Parteiloser war also damals noch nichts Besonderes, aber die gleichzeitige Übernahme der Gesamtleitung der späteren Kliniken Zschadraß durch eine harte Parteigenossin, deren Mann auch noch Kombinatsdirektor eines großen Kombinates in Sachsen war, hat das ideologische Umfeld gravierend verändert. Eine Zeitzeugin berichtet (Dr. B. W.), dass sie bei ihrer Vorstellung zur Arbeitsaufnahme im Jahr 1980 von Fr. Dr. E. Schw. begrüßt wurde mit: „Ich bin rot bis unter die Haarwurzeln." Das charakterisiert die ideologische Ausrichtung vom Direktorat der Kliniken Zschadraß (Pulmologie; Thoraxchirurgie; Psychiatrie) zweifelsfrei. Von 1977 bis 1980 habe ich aber noch keinen politischen Druck verspürt. Das kam dann erst in den Folgejahren, in denen die Partei mit ihrem Sekretär zunehmend präsenter wurde und auch von uns erwartet wurde, dass wir klar und offen unser Bekenntnis zum Sozialismus und seinen großen Vorteilen gegenüber dem kapitalistischen System in der BRD abgeben. Das musste nun nicht gleich mit überschwänglichen Bekenntnissen erfolgen, sondern war mehr als grundsätzliche moralische Haltung erwartet worden. Mein Ärztekollektiv war sehr konservativ. Ein kirchlich orientierter Chirurg hat unter den politischen Vorgaben gelitten und ich sehe noch heute, wie er sich mit viel Disziplin und ohne jegliches Lächeln auf den Lippen diesem Zwang unterworfen hat. Ein anderer Kollege hingegen war aus meiner heutigen rückwirkenden Betrachtung wohl Kandidat der Stasi. Und dann gab es da noch den Oberpfleger der Gesamteinrichtung. Von ihm wussten wir um die Verbindungen zur Stasi. Er war eines der wichtigsten Hörrohre der Kliniken Zschadraß. Für die Assistenzärzte war er ein rotes Tuch, wie mir eine ehemalige ärztliche Mitarbeiterin später erzählte. Ob es den Tatsachen entspricht, dass er als „Oberpfleger" der Gesamteinrichtung überhaupt keinen Fachabschluss gehabt haben soll, vermag ich nicht zu sagen. Die Oberin der Gesamteinrichtung hingegen war alleine der Patienten-Schwestern-Kommunikation verschrieben, da waren wirklich keinerlei politische Akzente zu erkennen. Die Partei (SED) und Herr P. waren also die treibenden politischen Kräfte in der Einrichtung, die Partei offen und mit klaren Worten, Herr P. stillschweigend immer mit einem Lächeln. Wir haben uns aber persönlich sehr gut verstanden (aus heutiger Sicht war das sicher eine Basis meiner späteren politischen Verwicklungen), haben gemeinsam sehr viel organisiert, wenn es um die Vorbereitung und Durchführung von Tagungen ging, haben Personalfragen besprochen u.v.a.m. Unser Vertrauensverhältnis war absolut. Es gab nichts, worüber wir nicht sprechen konnten. Und so manche Missstände haben wir über diesen Kanal weitergeleitet. Wir waren uns auch darüber im Klaren, dass das, was zwischen uns gesprochen wurde, nicht allgemein gelten konnte. So informierte er mich auch eines Tages darüber, dass die Stasi mich im Visier hatte. Seine Worte höre ich noch heute: Sei vorsichtig!

Nun muss ich daran erinnern, dass wir inzwischen eine nicht nur im Ostblock bekannte Klinik mit großen Erfahrungen in der Lungenchirurgie waren. Später wurde dann durch die breite Palette der chirurgischen Indikationen und durch die zunehmend notwendige Ausbildung von Anästhesisten und künftigen Traumatologen für das Gebiet der Lungenchirurgie die Fachbezeichnung Thoraxchirurgie eingeführt. Wir hatten lange darum gekämpft. Ich war auch an dieser viel breiter aufgestellten Interpretation sehr interessiert, denn wir waren inzwischen keine althergebrachte Lungenchirurgie mehr – wir waren in die Notfallmedizin speziell im Thoraxbereich sehr intensiv integriert und wurden wöchentlich in der Regel mehrmals von Rettungshubschraubern angeflogen.

Wir waren auch darauf spezialisiert, Schussverletzungen zu versorgen.

Meine wissenschaftliche Qualifikation mit Habilitation, anschließender Lehrbefähigung und die kurz danach erfolgte Berufung zum Dozenten an der Uni Leipzig trug zweifelsfrei zum Ansehen und der fachlichen Wertschätzung unserer Klinik bei. Schwerpunkt war und blieb die operative Therapie des Lungenkarzinoms und anderer bösartiger Erkrankungen im Brustkorbbereich. Die Pläne für die Entwicklung der Lungentransplantation in Zusammenarbeit mit der Herzklinik der Uni Leipzig waren schon in unseren Köpfen (Prof. Dr. K-F Li.). Ich erinnere daran, dass ich an der Akademie für Ärztliche Fortbildung in Berlin inzwischen für fünf Jahre zum Leiter der Fachgruppe Thoraxchirurgie berufen war (März 1989).

Bei den Aktivitäten auch außerhalb der Thoraxklinik Zschadraß wundert es eigentlich nicht, dass ich eines Tages auch Angehörige der Staatssicherheit operativ versorgen musste.

Die Frau eines Generals – Dr. jur. – hatte eine bösartige metastatisch bedingte Tumorerkrankung im Thoraxbereich. Ich wusste aber nicht um ihren besonderen sozialen Status. Warum die Frau zu uns und nicht in ein Regierungskrankenhaus gebracht wurde, weiß ich nicht. Es wird wohl der gute Ruf der Klinik gewesen sein. Natürlich hat die Patientin Besuch von ihrem Mann bekommen, der nur in zivil und nicht in Uniform kam. Nur die schwarze Limousine ließ erkennen, dass da nicht irgendein Angehöriger zu Besuch kam. Dass es auch zu persönlichen Gesprächen zum Thema Gesundheit der Ehefrau kam, versteht sich. Wir haben uns nicht nur über die Erkrankung der Frau unterhalten, sondern auch sehr intensiv und rein privat und da war dann vom General der Stasi nichts und gar nichts mehr zu spüren. Wir wurden – warum auch immer – sehr intim und ich wundere mich noch heute über die sehr offenen Worte, die nichts mehr mit Ideologien zu tun hatten. Ich hatte seine Telefonnummer bekommen, konnte ihn anrufen, wenn ich einen Rat oder Hilfe brauchte, und war auch Gast in seinem Büro. Es war ein sehr eindrucksvolles Erlebnis, wenn im Treppenhaus die

Posten salutierten. Diese private Verbindung blieb natürlich den niederen Genossen nicht verborgen, sie wussten ja auch nicht um den rein privaten Kontakt. Ob der General andere Visionen hatte, vermag ich nicht zu sagen. Ich kann es aber aus der heutigen Sicht zumindest nicht ausschließen. Aus der Erfahrung der Vergangenheit war ich aber an solchen Konstellationen eigentlich überhaupt nicht interessiert.

Andererseits will ich nicht leugnen, dass mir die Verbindung auch gefallen hat, denn mir wären sonst nie Westreisen genehmigt worden!!! – Also auch ein durchaus egoistischer Zug meinerseits. Meine Reisen hat der General durchgestellt und einmal auch dafür gesorgt, dass meine damalige Frau mit nach Österreich – Wien – reisen durfte (Prof. Denk hatte uns eingeladen und ich habe einen Vortrag über die Empyemfensterung nach Pneumonektomien gehalten). Der General hat mir für diese Reise dann auch noch 200 DM in die Tasche gesteckt, damit ich der Frau auch etwas kaufen könnte. Ich musste nicht quittieren durch Unterschrift!! Damit muss ich natürlich den regionalen Genossen ein Dorn im Auge gewesen sein. Und so haben sie mich eines Tages ausgelobt. Ich weiß nicht mehr, in welchem Jahr es war – zu meinem Geburtstag – jedenfalls bekam ich Besuch (den mir übrigens mein Freund, der Oberpfleger, vorher angekündigt hat als Warnung). Ich sehe den Herrn noch mir gegenübersitzen, wie er mir 100 DM als Geburtstagsgeschenk überreichte. Und als ich das Geld schon an mich genommen hatte, hörte ich ihn plötzlich sagen, ich möchte das bitte quittieren. Ich sah darin eigentlich keine Gefahr, sollte dann aber urplötzlich – als ich schon an meinem Schreibtisch saß und unterschreiben wollte – nicht mit meinem Namen, sondern als „Berater" unterschreiben. Erst später, als ich zum zweiten Personalgespräch nach Dresden ins Ministerium gerufen wurde, war mir der Hinterhalt bewusst geworden!!! **Niemals hätte ich wissentlich eine solche Unterschrift geleistet!** Ich war ja ein gebranntes Kind aus der Jugendzeit. Man hat mich also wirklich komplett reingelegt – ich wurde als „Berater" in die Akten eingetragen und hatte davon absolut keine Ahnung. Ich bin mehr als hinterhältig gefangen

149

worden!! **Damals gab es aber für eine Rechtfertigung/ Verteidigung keine Rechtsgrundlage – heute ganz sicher auch nicht – aber Wahrheiten sollten wahr bleiben und nicht politisch gegenteilig formatiert werden.**

Da ich meine besondere Beziehung zum General im Personalfragebogen nicht angegeben hatte, war mein Schicksal aber ohnehin besiegelt.

Nach den ganzen Wendeprozessen rief mich der General G. noch einmal an und fragte, wie es mir gehen würde. Zu dem Zeitpunkt war ich noch im Dienst, er saß aber bereits auf gepackten Koffern. Er wusste nicht, wie es nun für ihn weitergehen würde. Leider habe ich dann nie wieder etwas von ihm gehört. Aus den Recherchen habe ich entnommen, dass er 2010 verstorben ist – s. u.

*G. S. 19.7.1925–29.1.2010 (verst.) Leiter der Bezirksverwaltung Karl-Marx-Stadt, geboren in Raschau (Sachsen), Vater Verwaltungsange-stellter, Mutter Hausfrau; Volksschule, Handelsschule; 1943 RAD; 1944 Wehrmacht; 1945 sowjetische Gefangenschaft. 1948 Einstellung bei der VP; 1949 SED; 1950 Einstellung beim MfS, Dienststelle Aue der Länderverwaltung Sachsen; 1952 Leiter der KD Auerbach, dann Schwarzenberg; 1953 Leiter der KD Zwickau; 1954 Leiter der Abteilung II (Spionageabwehr) der BV Karl-Marx-Stadt; 1955 stellvertretender Leiter, 1958 Leiter der BV Karl-Marx-Stadt; 1959 Mitglied der SED-Bezirksleitung Karl-Marx-Stadt; 1960–65 Fernstudium an der JHS Potsdam-Eiche, Dipl.-Jurist, 1973 dort Promotion zum Dr. jur.; 1979 VVO in Gold; **1987 Generalleutnant;** 1990 Entlassung. https://www.google.de/search?q=general+siegfried+gehlert&source=hp&ei=VMRJYbayMeeNxc8P88-muAo&iflsig=ALs-wA-MAAAAAYUnSZO9dXg-6v*

Diese sehr persönliche Beziehung zu General G. hatte noch eine andere ganz besondere Note. Ich hatte die einmalige Gelegenheit, alle meine Sorgen in der Klinik und mit der Klinik an höchster Stelle vorzutragen. Wir mussten uns ja im internationalen fachlichen Wettbewerb behaupten. Das hatten wir auch geschafft.

Aber wir hatten im Jahr 1988 überhaupt keine materiell-technischen Voraussetzungen mehr, diesem Leistungsdruck auch qualitativ standzuhalten. Ich hatte weiter oben schon auf die miserablen Umstände unserer Arbeitswelt hingewiesen. Es musste also etwas passieren, damit wir den totalen Verfall der Einrichtung – und hier für mich das Haus 36 der Chirurgie – verhindern!!

Es war Ende 1988!

Ich habe ein Video über die schlimmen Zustände aufgenommen und dieses Video wurde dann per Kurier der Stasi von meinem General nach Berlin in das Politbüro geschickt (Anfang 1989). Dort gab es einen riesigen Krach, wie so etwas möglich sei. Aber es war für Reaktionen aus Berlin schon viel zu spät. Die Zeit des Sytems A war abgelaufen, die Menschen wollten das einfach nicht mehr haben und wehrten sich. Viele sahen ihre Zukunft nur noch in einer Flucht über Prag und Ungarn. Ich habe ausgehalten und wollte meine Arbeit und meine Aufgabe nicht aufgeben, obwohl ich ja ohne Probleme auf einer meiner Dienstreisen hätte im Westen bleiben können. Ich war nur einmal rein privat bei meiner Mutter in Gütersloh. So lief die Wende vom System A in das System B für uns selber und auch in der Klinik reibungslos. Nicht für diejenigen, die sich urplötzlich einem totalen Gesinnungswandel gegenübersahen, und nun auch offen aus solchen Gründen angegriffen wurden.

Die Denunziationen hatten schreckliche Dimensionen. Heute gibt es sie übrigens auch wieder im Zusammenhang mit der Umsetzung und Einhaltung von Maßnahmen zur Covid-19-Prophylaxe. Wenn der Mensch in Bedrängnis gerät, wehrt er sich und wird notfalls auch gewalttätig, ohne zwischen Freund und Feind zu differenzieren.

In der Thoraxklinik Zschadraß lief zunächst alles normal weiter. Wir hatten ein sehr festes fachliches Fundament und konnten uns damit weiter profilieren. Wir waren natürlich alle aus der Partei ausgetreten und unser ehemaliger Parteisekretär lief nur noch wie ein Häuflein Unglück durch die Einrichtung. Was aus ihm geworden ist, weiß ich nicht.

Entscheidend für die weitere Arbeit war, dass es auch komplette strukturelle Veränderungen im Gesundheits- und Krankenhauswesen gab. Wir unterlagen plötzlich dem Ministerium in Dresden und der Gesundheitsminister Geisler hatte völlig andere Vorstellungen über die weitere Perspektive unserer Einrichtung. Er war mit der Diakonie verwurzelt!!! – siehe oben – Das waren damals 1990/1991 schon die ersten Zeichen der Zusammenhänge (Korruption) zwischen Politikern und zivilen Organisationen und deren Interessen! Das ist bis heute geblieben, hat sich noch verstärkt.

Bis zur definitiven Auflösung der Thoraxklinik Zschadraß vergingen noch einige Jahre und wir erlebten nun einen ganz anderen Prozess: Die von Kohl in Aussicht gestellten blühenden Gärten haben wir im wahrsten Sinne des Wortes im Krankenhauswesen für unseren Bereich erlebt: Ich wurde überhäuft mit Angeboten für neue Medizintechnik – wir konnten ja auch tatsächlich alles gebrauchen. Diesen freudigen Prozess habe ich oben schon dargelegt.

Die Marktwirtschaft hat volle Überzeugung geleistet – es ist unvorstellbar gewesen.

AD Krauth aus Hamburg lud uns im Herbst 1991 (Dr. Thomalla, OP-Schwester Simone und mich) nach Hamburg ein und holte uns hierzu mit dem PKW ab. Wir hatten einen sehr intensiven und netten Besuch in der dortigen Firma (darüber existiert ein Video), wohnten im Hotel Eggers und durften am Abend das Musical „Phantom der Oper" besuchen. Das waren Zeiten!!!

Dass hinter diesen vielen Bemühungen, uns zu helfen, nicht die christliche Nächstenliebe stand, sondern der glasharte Kampf um neue Absatzmärkte im Osten, habe ich erst später begriffen. Ich kannte dieses System B mit seinen besonderen Menschen noch nicht!! Es waren „Wölfe im Schafspelz", die da vor mir saßen, und mir klarmachen wollten, dass ihre Produkte unübertroffen seien. Dass ich ihnen anfangs geglaubt hatte, erklärt sich aus meiner absoluten Unwissenheit nicht nur über die Techniken, sondern auch in der Unkenntnis und fehlenden Erfahrung in diesem Kampf um Macht und Profit. Nie werde ich vergessen, wie ich wiederholt von den Vertretern bewundert und befragt wurde, wir seien im Osten alle so freundlich und nett. Ja, das befremdet heute noch, dass die Ossis so anders sind und sich grundsätzlich von den Wessis schon hierdurch unterscheiden. Der Ossi ist (war) vertrauenswürdig, er erkennt damals noch nicht den bösen Wolf im Schafspelz. Ich bedaure sehr, dass ich tatsächlich keine richtig positiven Erfahrungen im Umgang mit „Wessis" (heute hat sich auch der „Ossi" schon sehr angepasst) sammeln konnte. Das hält sogar bis zum heutigen Tag an.

Zwischen mir und einem „Wessi" besteht leider bis heute eine unüberwindliche moralische Mauer im Denken, Handeln, in der Ehrlichkeit und Glaubwürdigkeit. Hiervon nehme ich nur die mich inzwischen über viele Jahre begleitenden Freunde und Bekannten aus. Das wird sich wohl auch erst mit dem Aussterben meiner Generation ändern. Das ist keine Voreingenommenheit, sondern einfach eine persönliche bittere Erfahrung aus vielen Erlebnissen, die ich zum Verständnis für den Leser etwas skizzieren will.

Ich hatte in meiner medizinischen Selbstständigkeit ab Juni 1994 Kooperationen mit Bundesdeutschen Medizinunternehmen. Ich wurde um 20000 DM betrogen.

Ich hatte mit einem großen Steuerbüro aus Frankfurt ein Projekt ins Auge gefasst. Der verantwortliche Mitarbeiter aus diesem Büro wurde wegen Steuerbetruges aus dem Verkehr gezogen.

Ein großes Bauträgerunternehmen suchte einen Betreiber für eine Einrichtung auf der Insel Usedom (Villa Gruner in Zinnowitz). Die Fundamente des Unternehmens waren der Aufgabe aber überhaupt nicht gewachsen und das Vorhaben ist gescheitert.

Aber es gab umgekehrt auch positive Kooperationen. Mit einem Architektenbüro in Leipzig haben wir tolle Modelle entwickelt für eine private Gesundheitseinrichtungen in „Amerika" und zur Übernahme der „Sachsenbaude" am Fichtelberg. Dass „Amerika" nichts wurde, hatte politische Gründe, aber die

„Sachsenbaude" war ein gleichartiges tolles Projekt, dass uns „Ossis" aber von der Treuhand nicht gegeben wurde. Den Zuschlag bekam ein westdeutsches Hotelunternehmen. Wir erschienen nicht zukunftsträchtig, solch ein Projekt umzusetzen. Dabei waren wir eine tolle Truppe mit regionalen Interessenten aus Oberwiesenthal – die Arbeitsgemeinschaft „Sachsenbaude". Und es gab genug private Investoren, die Pate gestanden hätten. Es gäbe noch mehr Beispiele.

Aber wir Ossis waren in der DDR groß geworden und hatten von solchen fundamentalen wirtschaftlichen Projekten keine Ahnung. Eigentlich wurden wir immer für ein bisschen naiv eingeschätzt und belächelt. Diese Einschätzung besteht heute noch. Ich erlebe das aus nächster Nähe immer wieder.

Meine kritische Positionierung gegenüber heutigen Unternehmen beruht auf der negativen Erfahrung, dass die Versprechungen z. B. der kosmetischen Industrie oft einfach keinen fundierten Hintergrund haben. Wir haben Geräte in ihrer tatsächlichen technischen Wirksamkeit überprüft und mussten dann feststellen, dass nicht nur die Funktionsweise anders ist, sondern dass es auch gefährlich sein konnte, bestimmte Geräte anzuwenden. Ich habe großen Brustimplantatherstellern aufgezeigt, dass die von ihnen verkauften Implantate erhebliche Mängel in der Langzeitqualität aufweisen. Das ist völlig verhallt und ohne jegliche Konsequenzen geblieben – selbst unser zuständiges Ministerium hat sich nicht für eine Verantwortung bereit erklärt. Es ist grausam, was da so unter unserer Bürokratie alles an Schäden verdeckt wird. Es ist ja auch paradox, dass Politiker niemals zur Verantwortung gezogen werden. Da werden Millionen Gelder in Projekte versenkt, die vom Bundesrechnungshof scharf kritisiert werden, aber das Geld ist trotzdem weg und die Verantwortlichen sitzen weiter ganz oben! Kein Privater kann sich solche Fehlentscheidungen erlauben. Würde man Derartiges in der Medizin praktizieren, stände eine ganze Armee von Anwälten bereit, uns zur Verantwortung zu ziehen und notfalls persönlich zur Kasse zu bitten. Die aktuelle Situation in der Corona-Pandemie macht das Dilemma, in dem wir uns befinden, deutlich.

Das ständige Zitieren unseres Grundgesetzes nach Freiheit des Einzelnen macht eine sinnvolle flächenhafte Regelung für notwendige Isolierungen unmöglich.

Manchmal ist aber auch Staatsdisziplin gefragt!

Dabei sollte das Interesse der Gemeinschaft vordergründig sein und die Gesundheit und persönliche Einschränkungen sollten zurückgestellt werden. Aber der Egoismus in der Gesellschaft ist so ausgeprägt, dass solche generellen Regelungen einfach nicht möglich sind. Hier zeigt sich auch die Schwäche unseres föderalen Systems – die eigentliche Bundesregierung kann keine generellen Verfügungen erlassen, das obliegt alles den Bundesländern in örtlichen Entscheidungen. Aber das Grundgesetz bremst auch hier.

Inzwischen (Ende März 2021) hat man auch in der Regierung erkannt, dass das föderale System an seine Grenzen stößt. Frau Merkel hat keine Macht mehr – die Ministerpräsidenten entscheiden. Aber auch diese regulieren in ihren Ländern nach eigenem Ermessen!! Frau Merkel muss ihre eigenen Entscheidungen, wie z. B. die sog. Osterruhe, nach 24 Stunden wieder aufheben! Ich kann mich nicht erinnern, jemals so oft und so viel über unser föderales System gehört zu haben. Von 1990 bis 2018 nicht, aber dann in den letzten zwei Jahren immer wieder. Ich habe es als eine Revolution gegen die Merkel-Dynastie empfunden und mit mir ganz sicher sehr viele Menschen, die dann als Querdenker und/oder sogar Rechtsradikale in die rechte Ecke gestellt wurden. Jedes System hat eben so seine Grundsätze in Sachen Toleranz. Es ist übrigens mehr als bemerkenswert, dass ganz aktuell (Pfingsten 2021) nicht nur in den Medien, sondern auch von Frau Merkel selber betont wird, dass jeder seine Meinung frei äußern kann. Aber sie darf natürlich nicht mit Hasspredigten gegen anders Gläubige verbunden sein oder sich gegen den Staat selber richten. Das ist ja wohl auch absolute Grundlage einer freien Demokratie!! Aber warum sind unsere Menschen in den letzten Jahren so aggressiv geworden? Ist es eine nicht ausgesprochene Unzufriedenheit, die sich still entlädt? In der Regierung werden von allen Mitgliedern Meinungen und Zielstellungen verkündet und zwischen den Parteien wiederum wird ebenfalls um etwaige gemeinsame Zielstellungen argumentiert, aber die Vielfalt der Meinungen führt natürlich auch zu einer Blockade von notwendigen Handlungen. Es dauert alles viel zu lange und die komplizierten juristischen Kontroversen führen für die Bürger in eine unverständliche Sackgasse. Warum ist es eigentlich notwendig, dass Verfassungsgerichte Regierungsbeschlüsse auf Rechtskräftigkeit überprüfen müssen? Ist die Regierung selber nicht in der Lage, verfassungskonform zu entscheiden?

Zurück in die Jahre
nach dem Systemwandel im Osten

Das Gesundheitswesen wurde vollständig umgekrempelt, die Polikliniken wurden abgeschafft, das Krankenhauswesen wird in vielen Bereichen in private Hand gegeben, die ärztliche Leitung der Krankenhäuser wird schrittweise in die Hände von Betriebswirten gelegt, der Grundsatz: Zeit ist Geld führt vor allem im Pflegebereich zu einer drastischen Kontaktreduzierung zwischen Patient und Personal, Pflegezeiten werden berechnet und vorgegeben, nach Uhrzeiten werden Stellenpläne gemacht, für Gespräche bleibt kaum noch Zeit.

Eine erstrebenswerte Wechselbeziehung zwischen Arzt und Patient?

Braucht es Patienteninteressenvertretungen, wenn die Beziehung zwischen Arzt und Patienten im Grundsatz den Regeln der ärztlichen Tätigkeit entspricht? Sind das von extern nicht grundsätzlich Misstrauensbekundungen mit der indirekten Androhung juristischer Konsequenzen? Verschenkt nicht die Gesellschaft mit der ständigen Suche nach ärztlichen „Kunstfehlern" oder mit der Definition „Ärztepfusch" in den Medien wesentliche Kriterien der Achtung und des Vertrauens ärztlichen Handelns? Wird nicht hierdurch dieses vom Grundsatz her einzigartige gegenseitige Vertrauen auf den Kopf gestellt? Das unausgesprochene Vertrauensverhältnis geht verloren und wird disqualifiziert zu einer juristischen Formulierung nach Paragrafen und Zusatzerläuterungen. Stehen wir vor der Alternative, mit den Patienten einen Werkvertrag abzuschließen, wie sie von manchen Juristen heute schon gefordert werden (eigene Erfahrung)? Würde das nicht das absolute Ende des freien Arztberufes bedeuten? Wir wären dann endgültig reine Dienstleister im Gesundheitswesen und unsere ganz ursprüngliche Wahrnehmung einzig dem psychischen Wohl und der körperlichen Gesundheit der Patienten zu dienen, wäre Vergangenheit. Der ärztliche Beruf würde abstraktes Handwerk wie jeder andere Handwerkerberuf. Dass wir nicht so sehr weit davon entfernt sind, belegen die heutigen Organisationsformen in Diagnostik und Therapie.

Allerdings zeigt das Fließbandsystem der Diagnostik noch erhebliche Mängel. Bis heute haben wir es ungeachtet der digitalen Möglichkeiten nicht geschafft, ambulante und stationäre Untersuchungen zu verflechten. Wir hatten schon 1995 Aktivitäten für eine elektronische Krankenakte entwickelt, die Krankenkassen hatten aber dafür noch keinerlei Optionen und meinten, wir seien 15 Jahre zu weit mit unseren Gedanken und Vorstellungen. Wir hatten auch bereits 1995/96 eine digitale Bildleitung in ein Krankenhaus. Leider hat es auf diesem so wichtigen Gebiet aber keine wirklichen flächendeckenden Fortschritte gegeben. Der Patient, der ambulant untersucht wurde, wird auch im Krankenhaus noch einmal durchgecheckt. Ist das nicht ein Misstrauen gegenüber den ambulanten Kollegen? Oder entspricht es der Notwendigkeit einer juristischen Absicherung, wirklich alles gemacht zu haben, um dem Vorwurf der Fahrlässigkeit in der Diagnostik schon vorher den Boden zu entziehen? Ist nicht heute die gesamte ärztliche Dokumentation nur noch darauf ausgerichtet, juristischen Prüfungen standzuhalten? Was nicht geschrieben steht, ist auch nicht gewesen?! Gilt das dem Patienten gegebene Wort nicht mehr? Gibt es nicht in der Medizin immer wieder Abweichungen von Planungen und Erwartungen? Sind solche Ereignisse immer gleich Basis für schwerwiegende Vorwürfe gegenüber dem Therapeuten, er habe fahrlässig und nicht nach den geltenden Behandlungsgrundsätzen gehandelt? Hat das etwas mit Patientenrechten zu tun? Oder ist es nicht vielmehr die Arbeitsbasis für Fachanwälte für Medizinrecht? Ich habe in meinem Berufsleben mit vielen „Rechtsvertretern" sehr intensive Kontakte gehabt. Ich habe leider nie erleben dürfen, dass das ursprüngliche ärztliche Anliegen Gegenstand von Gesprächen war, sondern immer nur die Frage nach den möglichen therapeutischen Unterlassungen. Solche Erfahrungen waren im System B absolutes Neuland, sie haben mein persönliches Rechtsempfinden schwer getroffen und wirken bis heute auch im noch aktiven Ruhestand nach.

Ich darf an der Stelle ein für mich als Arzt persönlich sehr nachhaltig wirkendes Ereignis (1968/1969) nicht unerwähnt lassen: Ich habe als junger, noch in Ausbildung befindlicher Arzt bei einem operativen diagnostischen Eingriff (Mediastinoskopie) durch Verbluten einen Patienten verloren. Es ist wohl das Allerschlimmste für einen künftigen Chirurgen, dies erleben zu müssen. Es gab keine Chance, die Situation zu beherrschen, weil die Voraussetzungen/Rahmenbedingungen für eine rettende Thorakotomie in der Einrichtung damals noch nicht gegeben waren. Durch eine gerichtsmedizinische Sektion in meiner Gegenwart wurde ich von dem Vorwurf einer Fahrlässigkeit entlastet. Ich hatte vorschriftsmäßig das etwas bläulich schimmernde Gewebe punktiert und kein Blut aspiriert. Es war aber dennoch die Vena azygos, die ich dann durch eine PE (Probeexcision) verletzt hatte. Das sind bis heute schlimme Erinnerungen. Was wäre, wenn mir das heute passiert wäre? Es bleibt eine traurige Erfahrung in meinem ärztlichen Leben.

Wenn ich heute die noch relativ junge Professorinnen in der Ethikkommission anschaue, muss ich mich fragen, woher sie denn ihre Weisheiten gewonnen hat, um Moral und ärztliche Ethik zu verkünden – alles nur theoretisches Wissen? Oder wäre nicht ein wenig umfassende eigene Erfahrung gerade auf diesem sehr speziellen Gebiet anzuraten? Wo bleibt da die Weisheit der „Alten"? Ich räume ein, dass sich die menschliche Gesellschaft ständig und immer verändert und damit auch viele Ansichten über Moral, Pflichten und Rechte, aber es muss immer eine Wertegemeinschaft polarisiert werden, die grundsätzlich stabile Orientierungen gibt. Ich bin nicht kirchlich im Glauben fixiert, aber dennoch von den Geboten des Christentums überzeugt: Liebe Deinen Nächsten, Du sollst nicht töten usw. Aber leider haben eben auch die Gläubigen immer wieder Kriege geführt, und zwar sehr brutale, und sie haben sich nicht gescheut, Andersgläubige auf den Scheiterhaufen zu bringen. In Afghanistan handeln die Taliban heute noch in diesen unglaublichen Ideologien.

Setzt man den Glauben mit dem Begriff der Ideologie gleich, so stoßen wir wieder auf das Kernproblem von Gier nach Macht und Geld. Eigentlich lässt sich alles auf diese beiden Zielstellungen reduzieren: Parteien kämpfen auch nur um Machtpositionen, um ihre speziellen Zielstellungen durchzusetzen – alles nur zum Wohle der Menschen? Oder nicht doch vor allem für sich selbst, um auch künftig ganz oben sitzen zu können? Hierzu bedienen sie sich der Masse ihrer Mitglieder, um diese in das Gedankenkonzept einzubinden, mit der Vorgabe, wenn Ihr uns folgt, wird es Euch gut gehen, wir sehen nur Euer persönliches Wohl und das Eurer Kinder und Enkelkinder.

Im Moment (August/September 2021) verliert die CDU enorm an Vertrauen und die Grünen wittern ihre Chance, an die Macht zu kommen. Welch eine Katastrophe, dass die kleinen Parteien nun darüber entscheiden können, wer definitiv an die Macht kommt, obwohl er auch nur gerade mal 25 Prozent der Wählerstimmen gewinnen konnte! Wollen die Politiker einfach nicht erkennen, dass eine neue Zeit anbricht? Herr Kretschmer ist mir persönlich vertrauenswürdig und er ist charakterlich in der Lage, zwischen Menschen und vor allem anders Denkenden zu vermitteln und gemeinsame Zielstellungen zu erarbeiten. Aber auf keinen Fall kann das Frau Baerbock, sie ist grünradikal. Frau Baerbock musste noch nie Verantwortung tragen und will Bundeskanzlerin werden?? Als Mediziner würde ich sie als nicht kompromissfähig einschätzen. Sie stellt für mich eine neue Form der Diktatur dar – die grüne Diktatur. Aber sie ist im Wahlkampf milder geworden, auch sie muss sich anpassen! Und auch Herr Habeck schlägt im August 2021 andere Töne an. Da sind wir wieder bei der notwendigen Kompromissfähigkeit – egal, in welchen Lebensbereichen – die notwendig ist, eigene Zielstellungen zu realisieren.

Als wir uns im System A anpassen mussten, wurden wir später als rote Socken verschrien. Welch eine Unmoral in den Köpfen!!

Der Daseinskampf auch um die Macht lässt sich bis in die Zeit der Menschwerdung zurückverfolgen. In der Evolution sind die Menschen zu Kriegern geworden, als sie bei ihren Wanderungen auf andere Stämme gestoßen sind, die ihnen im Wege standen bei der Suche nach neuen Lebensgrundlagen. Das hat sich bis heute nicht geändert und wird immer so bleiben.

Der Mensch ist leider kein friedliches Wesen.

Er braucht immer wieder neue Verteidigungslinien seines eigenen Machtbereiches. In der Tierwelt markieren die „Führer" ihren Anspruchsbereich durch Duftmarken. In der menschlichen Gesellschaft erfolgt diese Macht-„Markierung" verbal in den Medien.

Und es stellt sich in diesem Prozess für die Außenstehenden immer die gleiche Frage: „Wie viel Erde braucht der Mensch zum Leben?"

Nach diesen gedanklichen Ausschweifungen komme ich wieder

Zurück in die Zeit von 1991 bis 1993 und die Folgejahre

Da war ja noch das Projekt „Amerika" als Alternative zum aktuellen Standort der Thoraxklinik Zschadraß. Ich hatte eine Präsentation zur Verteidigung des Projektes vor dem Ministerium gemacht. Es hieß auch im Vorlauf, dass das Projekt genehmigt wird, sofern sich bei mir keine Stasi-Kontakte nachweisen ließen. Die Verteidigung habe ich noch in Dresden abgehalten, aber am Ende derselben wurde bereits vom Ministerium verkündet, dass ich keine weitere Unterstützung bekommen würde. Meine Entfernung aus dem Dienst lief dann nach einem eiskalten Plan ab:

• Einladung zum Personalgespräch im Ministerium am 27.6.1991
• 2. Personalgespräch 17.2.1993 – Vorhalten meiner Stasi-Akte
• Freistellung vom Dienst mit Wirkung vom 29.3.1993
• Fristlose Kündigung

TELEGRAMM

DEUTSCHE POST

Aufgenommen

Herrn Dr. med Jürgen Weber

Übermittelt:

Tag: Monat: Jahr: Zeit: _12.6._ von: _UH_ durch: _?_

Am Tiergarten 2

Tag: Zeit: an: durch:

Amt _7241_

069673

Telegramm aus _Dresden_ _12.6_ _10⁵⁸_

Sehr geehrter Herr Dr. Weber. Wir laden Sie zu einem
Übersiedlungsgespräch in das sächsische Sozialministerium
80 60 Dresden, Carolaplatz 1, Z. 310, am Donnerstag den
27 Juni 1991, 16.00 Uhr ein. Eventuelle Rückruf unter
5 940 387 möglich. Mit freundlichen Grüßen überstellt.

Für dienstliche Rückfragen

Hinweis: Ein mit dem Zusatz TF oder TLX gekennzeichneter Aufgabeort muß nicht Wohn- oder Aufenthaltsort des Absenders sein.

8 330 42

Einladung zum 1.Personalgespräch 27.6.1991

GRAMM

DEUTSCHE POST

fgenommen

Herrn Dr. Jürgen Weber

Übermittelt:

st: Jahr: Zeit: _02.93_ durch: _?_

Tiergarten 2 -

Tag: Zeit: an: durch:

adraß

198442

aus _Frankfurt/Main_ _16.2.93_ _8⁰⁴_

Abteilungsleiter Engel bittet Sie zu einem Personalgespräch
Mittwoch den 17.2.93, 16⁰⁰ in das Sächs. Staats -
ministerium Zimmer 309, Dresden Albertstr. 10

im Auftrag Schmidt, Referat 14

Rückfragen

Hinweis: Ein mit dem Zusatz TF oder TLX gekennzeichneter Aufgabeort muß

Einladung zum 2.Personalgespräch am 17.2.1993

163

SÄCHSISCHES
STAATSMINISTERIUM
FÜR SOZIALES,
GESUNDHEIT UND FAMILIE

SÄCHSISCHES STAATSMINISTERIUM
FÜR SOZIALES, GESUNDHEIT UND FAMILIE
Albertstraße 10 · O-8060 Dresden

Herrn
Dr. Jürgen Weber
Sächsisches Krankenhaus Zschadraß
Am Hainberg 36

0-7241 Zschadraß

Dresden, den **26.03.93**
Tel. (0351) 564- **7863**
Bearb.: **Si/Ro**
Aktenzeichen:
(Bitte bei Antwort
angeben)

Sehr geehrter Herr Chefarzt Dr. Weber,

mit Wirkung vom 29.03.1993 beurlaube ich Sie bis auf
weiteres von Ihrer Tätigkeit im Sächsischen Krankenhaus
Zschadraß.

Damit ist Ihnen ab diesen Tag jegliche Arbeit in der Klinik
untersagt.

Hochachtungsvoll

Engel
Abteilungsleiter

Beurlaubung zum 29.3.1993

164

KLINIKEN ZSCHADRASS

Verwaltung

Im Park 15 a
O-7241 Zschadraß
Telefon Colditz 03 43 81 / 74 03
Fax   03 43 81 ' 75 00

Sachbearbeitung:

Frau
Kriebel
Klinik für Thoraxchirurgie

Zschadraß, 7.4.93

Im Hause

Beurlaubung Dr. Weber

Sehr geehrte Frau Kriebel,

hiermit erteile ich Ihnen die Dienstanweisung, den ärztlichen Leiter, Herrn Dr. Wodtke, oder die Verwaltungsleitung umgehend zu benachrichtigen, falls Dr. Weber sich in Diensträumen aufhält oder dienstliche Einrichtungen benutzt.

Ich bitte Sie darum, diese Nachricht umgehend weiterzuleiten. Diese Information nehmen auch beide Sekretariate entgegen.

Mit freundlichen Grüßen

Lamm
Verwaltungsleiterin

07.4.1993: Dienstanweisung der Kliniken Zschadrass: Betretungsverbot der Klinik

Damit hatte ich alles verloren: meine gesamten medizinischen und wissenschaftlichen Daten.

Ich wurde als Verbrecher behandelt, bekam Hausbetretungsverbot und die Mitarbeiter wurden aufgefordert, sofort zu melden, wenn ich in der Klinik auftreten würde. Das tat sehr weh und ich habe es bis heute nicht verkraftet, weil ich mir absolut keiner Schuld bewusst bin. Natürlich wurde ich befragt, wenn Kollegen in die BRD reisen wollten. Sie durften alle fahren und ich freue mich heute noch, dass einem jungen Arztehepaar auf diese Weise die Flucht in den Westen gelang. Wir saßen am Vorabend – 28. September 1989 – anlässlich eines Betriebsausfluges nach Meißen an der Elbe zusammen und haben uns nett unterhalten. Am nächsten Tag bekam ich die Nachricht: Wir sind im Westen und kommen nicht zurück. Ich war also zu einem Fluchthelfer aufgestiegen.

Mir nutzte auch keine Klage vor dem Arbeitsgericht mit einer Anwältin aus München, meine Kontakte wurden als aktive Mitarbeit in der Stasi beurteilt, ich hatte keinerlei Chancen mehr und wurde nun auch von vorher befreundeten Kollegen in der BRD geächtet!!

Die Wende selber hat aber auch dazu geführt, dass ein im Wesentlichen fertiges Fachbuch über „Geschwülste im Thoraxbereich" nicht mehr verlegt wurde. Jahre wissenschaftlicher Arbeit und Dokumentation waren damit verloren. Bis heute für mich unfassbar.

Autorenvertrag

Zwischen Herrn MR Dr. sc. med. Rolf HAUPT
Prosektor am Pathologischen Institut des Bezirkskranken-
hauses St. Georg, 7021 Leipzig, Straße der DSF 141 und

Herrn Dr. med. Jürgen WEBER, Facharzt für Chirurgie,
Chefarzt der Klinik für Lungenkrankheiten und Tuberkulose,
Heilstätten Zschadraß, 7242 Colditz

(der Autor genannt)

und dem VEB Georg Thieme
Verlag für Medizin und Naturwissenschaften
7010 Leipzig, Hainstraße 17/19

(der Verlag genannt)

wird folgender Autorenvertrag abgeschlossen:

§ 1

(1) Für das von **Herrn OMR Prof. Dr. sc. med. Gläser**

herausgegebene Werk **Klinische Pathologie der Geschwülste**

werden die Autoren gemeinsam den Beitrag: (Arbeitstitel)
~~wird der Autor den Beitrag:~~

"Geschwülste der Thoraxorgane"

übernehmen. Eine Disposition dieses Beitrags ist zwischen Autor und Herausgeber zu vereinbaren.

(2) Der Beitrag soll etwa **max. 300** Manuskriptseiten zuzüglich ca. **180 (Fotos)** Abbildungen umfassen. Er wird

in **deutscher** Sprache abgefaßt. Das Manuskript ist in doppelter Ausfertigung einzureichen.

(3) Nach Anweisungen des Herausgebers hat der Autor Vorarbeiten zur Fertigstellung des Sachregisters
zu leisten.

204 Ag 310 75 B 039 5 4931

Autorenvertrag mit dem Thieme-Verlag Leipzig vom 14.März 1980

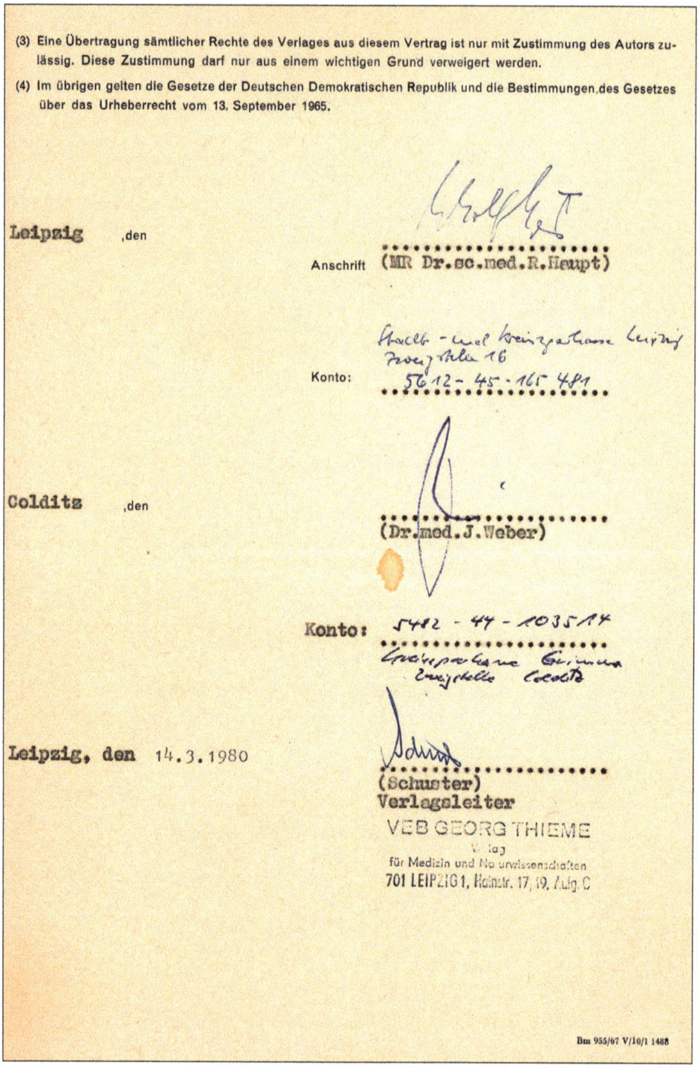

(3) Eine Übertragung sämtlicher Rechte des Verlages aus diesem Vertrag ist nur mit Zustimmung des Autors zulässig. Diese Zustimmung darf nur aus einem wichtigen Grund verweigert werden.

(4) Im übrigen gelten die Gesetze der Deutschen Demokratischen Republik und die Bestimmungen des Gesetzes über das Urheberrecht vom 13. September 1965.

Leipzig ,den

Anschrift (MR Dr.sc.med.R.Haupt)

Stadt- und Kreissparkasse Leipzig
Zweigstelle 16

Konto: 5612-45-165 481

Colditz ,den

(Dr.med.J.Weber)

Konto: 5482-44-103514

Kreissparkasse Grimma
Zweigstelle Colditz

Leipzig, den 14.3.1980

(Schuster)
Verlagsleiter

VEB GEORG THIEME
Verlag
für Medizin und Naturwissenschaften
701 LEIPZIG 1, Hainstr. 17/19, Aufg. C

Bm 955/67 V/10/1 1488

Autorenvertrag mit dem Thieme-Verlag Leipzig vom 14. März 1980

Ich wurde also arbeitslos und musste nach neuen Wegen für meine wirtschaftliche Existenz suchen.

Die Gesetzmäßigkeiten der Marktwirtschaft zogen mich in ihren Bann. Um eine neue Lebensgrundlage zu finden, musste ich mich diesen neuen Gesetzmäßigkeiten unterordnen. Das war absolutes Neuland für mich, denn ich hatte im System A nicht gelernt, dass ich mich selber um meine Zukunft kümmern musste. Im System A gehörte es nicht zu unseren Aufgaben, uns um wirtschaftliche Arbeitsgrundlagen zu kümmern, das machte der Staat. Wir hatten nur unsere fachlichen Aufgaben zu erfüllen. Jetzt musste ich mich selber auf den Weg machen, um das berufliche und vor allem auch wirtschaftliche Lebensziel zu erreichen.

Neue Qualifikationen waren gefragt, die musste man sich selber suchen und die Teilnahme an Kursen organisieren. Ich habe mich kurz nach der Wende immer gefragt, warum die „Wessis" so agil, so umtriebig sind. Heute verstehe ich das – sie mussten sich einfach kümmern und sie mussten einfach machen!! Wer sich nicht selber bemüht, der wird auf der Strecke bleiben, eine ganz einfache Wahrheit. Das ist ja auch das Natürlichste auf der Welt, dass man selber aktiv werden muss und nicht auf einen Segen des Himmels warten kann. Die heutigen vielen Start-ups sind das Spiegelbild der jungen neuen Generationen: Innovationen entwickeln und starten.

Da ich politisch geächtet war, habe ich die einzige Alternative in der Selbstständigkeit gesehen. Es gab 1993/1994 ohnehin den Trend zu mehr ambulanten Behandlungen und auch Operationen, und so fasste ich den Beschluss, ein großes ambulant und stationär arbeitendes Thoraxzentrum zu schaffen. Natürlich brauchte ich dafür finanzielle Starthilfen, aber auch Partner, die sich einer solchen völlig neuen Konzeption stellten. Während ich meine Kurse für eine Ultraschalluntersuchung und die Lehrgänge in Bad Wörrishofen absolvierte und in der Klinik für Naturheilverfahren in Höhenkirchen bei München vier Monate gearbeitet habe, um so die Facharztzusatzbezeichnung für Naturheilverfahren zu bekommen, hat sich in Zwickau die Firma MedKom um die materiell-technische Umsetzung meines des Konzeptes für eine ambulant und stationär wirkendes Thoraxzentrum gekümmert.

Grundkurs Sonographie
Aufbaukurs Sonographie

**nach den Richtlinien der KBV
und der DEGUM**

**vom 19. - 24. September 1993
in Hermagor (Kärnten)**

**Klinik und Poliklinik für Allgemeinchirurgie
der Medizinischen Hochschule Hannover**

Grundkurs Sonographie

In der Weiterbildung in Österreich

SEBASTIAN-KNEIPP-AKADEMIE
FÜR GESUNDHEITSBILDUNG
Adolf-Scholz-Allee 6-8 · 8939 Bad Wörishofen · Telefon 08247 / 30 02 /55

- Ärztl. Fortbildung -   In Zusammenarbeit mit der Bayerischen Landesärztekammer
-Akademie für ärztliche Fortbildung -

Kneipp-Akademie Bad-Wörrishofen – Weiterbildung Naturheilkunde

Mein Zimmer in Höhenkirchen Januar bis April 1994 mit Naturkühlschrank auf dem Balkon – es war Winter

Natürlich benötigt man dafür Starthilfen. Die notwendige finanzielle Absicherung in Höhe von 3,4 Millionen DM habe ich auf das von mir entwickelte Konzept eines privaten, ambulanten, komplexen Thoraxzentrums von der Bank bekommen. Das war nach der Wende sogar relativ leicht. Nicht leicht hingegen war die praktische Umsetzung, denn ich unterlag den Vorgaben der Finanzierung von Gesundheitsleistungen durch die Krankenkassen.

Praxisklinik für Thoraxerkrankungen in Steinpleis bei Zwickau; Eröffnung 01.7.1994; aseptischer und septischer OP-Saal; 10 Betten, zentrale Gasversorgung, Röntgen und Endoskopie; Laborautomaten; Blutgase

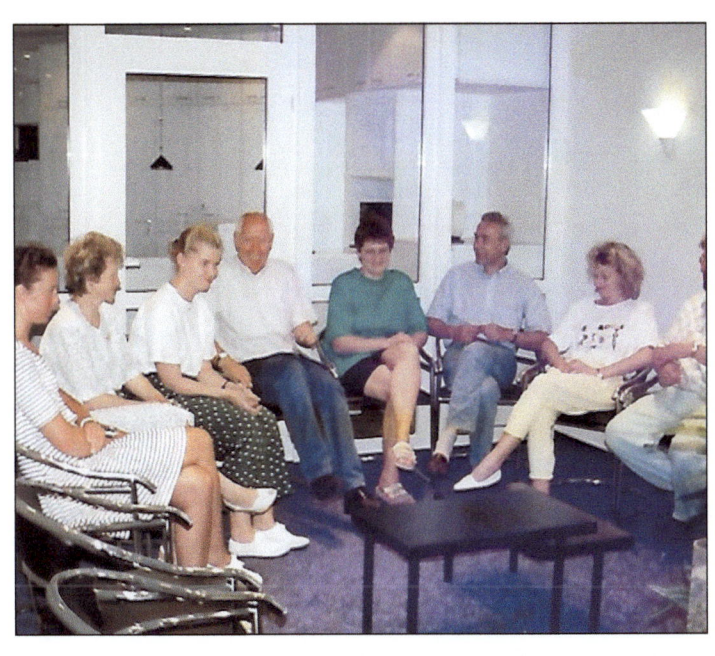

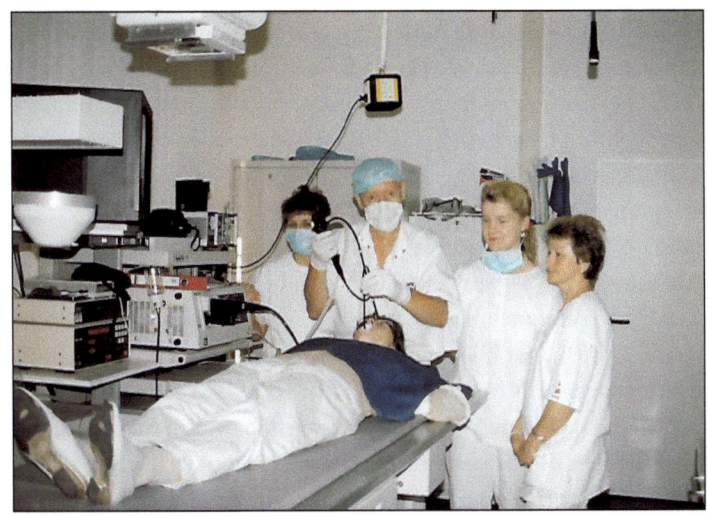

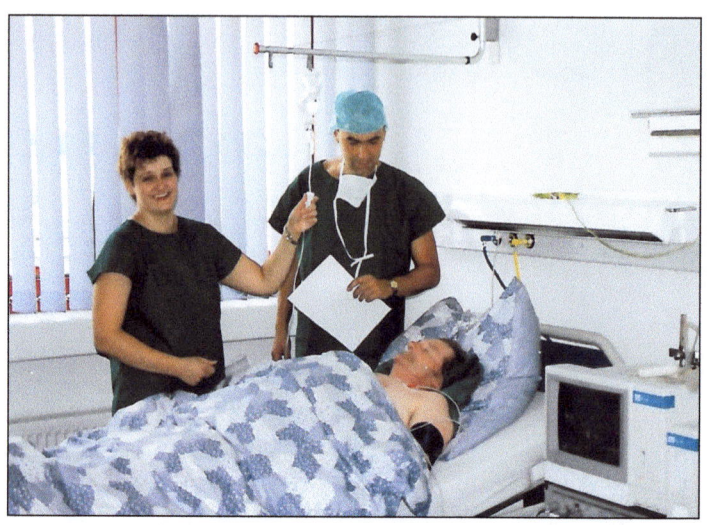

Ich konnte nun zwar meine medizinischen Behandlungskonzepte im Diagnostikaufwand und notwendiger Therapie eigenverantwortlich umsetzen, aber da kam dann sehr schnell auch die Hürde der Kosten der Behandlungen auf mich zu. Und ich musste aus den Gesundheitsleistungen (die gesamte thorakale Diagnostik und Therapie – konservativ und operativ) auch meine Zahlungsverpflichtungen gegenüber der Bank sicherstellen. Die ärztlichen Leistungen wurden nach Punkten über die Kassenärztliche Vereinigung abgerechnet. Ein Punkt waren 7,2 Pfennig. Das war im Jahr 1993. Und diese Kalkulation lag der Finanzierung zugrunde. Aber im Jahr 1994 war der Punkt nur noch 5,6 Pfennig wert! Das kam durch die zunehmende ambulante Versorgung niedergelassener Ärzte. Das Budget blieb gleich, aber die Ärztezahl wuchs. Damit fehlten nach sechs Monaten bereits 120 000 DM. Und nun? Aufgeben? Nein – neue Wege für eine wirtschaftliche Stabilisierung mussten her, die gab es nicht auf dem Präsentierteller, die musste man selber finden. Durch Zufall wurde ich auf eine für mich absolut neue, damals im Osten noch sehr unbekannte medizinische Rubrik gestoßen: Körperkontouring durch Fettabsaugung! Das war totales Neuland, versprach aber wirtschaftlichen Erfolg.

1994 bis 1995 musste man dafür noch keinen separaten Facharzttitel tragen. Meine sehr breite chirurgische Ausbildung und Tätigkeit in der sog. „großen Chirurgie" waren für diesen neuen Weg eine ausgezeichnete Basis.

Werbung in der Zeitung der Artemedic GmbH

177

Gut möglich, daß Sie mit Liposculpture noch nicht viel anfangen können. Es handelt sich um eine besondere Technik zur sogenannten medizinischen Fettzellenreduktion, die von Prof. Dr. P. Fournier aus Frankreich entwickelt wurde. Ob vorspringender Bauch, hängendes Gesäß, zu dicke Schenkel oder ein Doppelkinn: Mit Liposculpture wird gezielt und ästhetisch ausgewogen überflüssiges Fett entnommen.

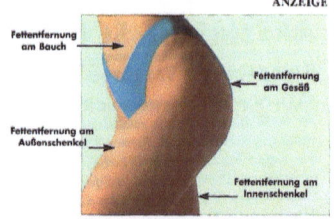

Fettentfernung am Bauch
Fettentfernung am Gesäß
Fettentfernung am Außenschenkel
Fettentfernung am Innenschenkel

Wir behandeln nicht bei Krankheit und/oder krankhafter Fettsucht.

"Liposculpture" – Eine spezielle Form der medizinischen Fettzellenreduktion!

Mit einer oder mehreren Inzisionen (Hauteinstichen), Durchmesser ca. 3-3,5 mm, wird in der Nähe der Fettablagerung die äußere Lederhaut präpariert.

Anschließend wird die Problemzone mit den sich darin befindlichen Fettzellen aus dem Fettdepot – siehe vereinfachten Querschnitt – mit einer besonderen, körperverträglichen Flüssigkeit aufgeschwemmt, anästhesiert und mittels einer Kanü-

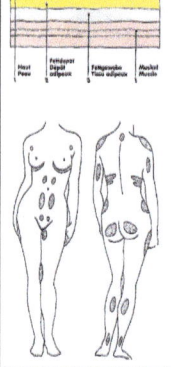

Haut / Fettdepot / Fettgewebe / Muskel
Pasu / Depot / adipeux / adipeux / Muscle

le fast vollständig entfernt. Vor allem wurde diese Technik zur Entfernung von örtlich begrenzten Fettablagerungen entwickelt.

Gute Erfolge mit dieser Methode erzielen hauptsächlich Patienten im Normalgewichtsbereich, die trotz Diät diese "Fettzonen" nicht abbauen können. Zum besseren Verständnis wird anhand der "Skizze 1" aufgezeigt, was sogenannte Fettpolster respektive Fettdepots sind. Das Fettdepot (2) ist eine Ablagerung von überschüssigem Fettgewebe. Das Fettgewebe (3) kann jederzeit durch entsprechende Diäten oder Sportaktivitäten reduziert werden. Das Fettdepot/Fettpolster (2) hingegen stellt eine inaktive Zellstruktur dar, die sich wie eine Mantelschicht an den Körper fügt und ohne Eingriff nicht entfernen läßt.

Vor gut 7 Jahren wurde die Liposculpture-Technik ` eingeführt. Mit dieser etwas "sanfteren" Methode kann man beliebige Depotfettmengen (sofern ausreichend vorhanden) sehr präzise entfernen und gleichzeitig die gewünschte Körperform "herausmodellieren".

Die Skizzen zeigen, was genau bei einer Liposculpture-Fettzellenreduktion entfernt wird.

Eine umfassende Beratung/Aufklärung durch unsere approbierten Ärzte (spezialisierte Fachchirurgen) ist Voraussetzung für eine Behandlung! Die Eingriffe erfolgen in der Regel ambulant und der Patient geht nach 3-4 Stunden wieder nach Hause.

Und das Schöne daran: Die einmal entfernten Fettzellen bilden sich nicht wieder neu – es entstehen keine Fettdepotbildungen mehr! Die Frage nach einem dauerhaften Erfolg wird daher von Ärzten und zahlreichen Studien mit einem eindeutigen JA beantwortet.

Bitte informieren Sie sich individuell durch eine vertrauliche und kostenlose Beratung.
ARTEMEDIC –
Dr. Weber-Klinik GmbH
Stiftstraße 6-8
08432 Steinpleis
Telefon 0375/596 201
Telefax 0375/596 202

Mit Ausdauertraining wie Schwimmen, Joggen oder einem Heim-Trainer kann das Fettgewebe (Skizze 3) reduziert werden. Auch Herz- und Kreislauf werden so gestärkt. Aber: Das Fettdepot (Skizze 2) ist gemäß Veranlagung davon nicht betroffen.

178

Aber es war auch notwendig, dass wir uns fach- und sachkundig machten für diese für uns völlig neue Behandlungsart. Dazu hatten wir durch Prof. Schw. Kontakt in eine bundesdeutsche Privateinrichtung, die sich ausschließlich mit Fettabsaugungen beschäftigte. Aus diesen theoretischen und praktischen Beziehungen ergab sich die Konstellation einer Artemedic-Dr.-Weber-Klinik in Zwickau. Weiterbildungen/Hospitationen habe ich in Österreich und in der Schweiz realisieren können. Diese Konstellation mit der Firma Artemedic hat aber nicht lange gehalten, wir wurden um 20 000 DM betrogen und ich habe mich dann von dem Unternehmen getrennt. Das war aber nicht die einzige Enttäuschung, ein großes Steuerunternehmen aus Frankfurt kooperierte mit mir in Sachen Neubau einer Privatklinik. Bis zur Baugrubenaushebung in Crimmitschau sind wir noch gekommen, dann saß der Inhaber des Steuerunternehmens in Haft wegen Betruges. Ich habe solche Verbindungen dann nie wieder gesucht und bin meinen eigenen, mitunter mehr als beschwerlichen Weg gegangen.

Nun war es leider unvermeidbar, dass wir uns mit diesen rein privaten Leistungen in den marktwirtschaftlichen Wettbewerb begeben mussten. Auch das war Neuland und wir mussten lernen, dass Medizin eben nicht nur Tätigkeit am Patienten ist, sondern ein echtes Kampffeld, auf dem nicht nur nette Kollegen tätig waren.

Bis heute ist es mir unverständlich, dass man sich als Kollege in die Praxis eines anderen Kollegen begibt, um dort Erfahrungen auszuspähen, um damit unlauteren Wettbewerb gerichtlich geltend zu machen. Solche marktwirtschaftlichen Hebelwirkungen trafen tief und waren sehr persönlich und anfangs einfach nicht vorstellbar. Aber wir „Ossis" waren lernfähig! Es hat uns sehr viel Lehrgeld gekostet, aber wir haben gelernt uns zu wehren und sind durch diese Erfahrungen nur stärker geworden. Es waren ja auch nicht nur die eigenen Kollegen aus der Region, da tauchte plötzlich eine Wettbewerbskommission auf und setzte Abmahnungen vor Gericht durch. Und da kamen Anwälte und behaupteten, dass da Behandlungsfehler gemacht wurden, wenn die Ergebnisse nicht ganz genau den Vorstellungen der Patienten entsprachen. Das wurde später mit der Notwendigkeit einer immer detaillierteren Aufklärung über Fehler und Gefahren der Operationen zu einer Existenzfrage! Die Juristen haben jedes auch nicht ausgesprochene Wort als Beleg dafür interpretiert, die Aufklärung sei mangelhaft gewesen. Wir hatten ernsthaft überlegt, Tonaufzeichnungen der Gespräche einzuführen – 1997/1998! Bis in das Jahr 2020 habe ich auf diesem Gebiet sehr schmerzhafte Erfahrungen sammeln müssen. Dieses Leben mit dem Anwalt der Patienten im Nebenzimmer ist eine der für mich persönlich schwerwiegendsten negativen Erfahrungen der ärztlichen Tätigkeit in den letzten dreißig Jahren im System B.

Solche Prozesse haben mich 25000 DM und später noch wieder über 20000 € gekostet, was sich natürlich in der Haftpflicht teuer niederschlug.

Im Osten war es sehr schwer, mit einer solch rein privaten Medizin wirtschaftlich zu werden und hohe Kredite abzuzahlen. Dazu kam das Dilemma mit der USt. in der Medizin für solche medizinisch nicht indizierten Behandlungen. Erst hieß es auch, diese Leistungen seien USt-frei, dann wiederum musste die USt. aufgeschlagen werden. Es war wie in einem Irrgarten. Um den Umsatz zu steigern, mussten wir unsere Aktivitäten bis nach Berlin und Magdeburg ausdehnen. In Berlin haben wir bei einem Kollegen in der Praxis operieren können, in Magdeburg hatten wir ein Büro für Beratungen und Nachsorgen, operiert haben wir in den Pfeiferschen Stiftungen. Die Mitarbeiter dort mochten aber unsere Fettabsaugungen überhaupt nicht und so mussten wir diesen Standort bald wieder aufgeben. Beratungen haben wir auch in Hotels in Dresden und Erfurt in einem gemieteten Raum im Hotel gemacht. Es war eine schwere Zeit, aber wir hatten ja auch Neuland betreten. Die kreditgebende Sparkasse hat mich inzwischen gejagt wegen der Rückstände in der Rückzahlung. Mit einem großen Steuer- und Wirtschaftsbüro in Leipzig haben wir versucht, Konzepte für mehr Umsatz zu entwickeln, aber der Markt im Osten gab einfach nicht mehr her.

Mit der „Chirurgie des Fettes" – wie ich diese chirurgische Tätigkeit immer benannt habe – betraten wir nun einen völlig neuen wirtschaftlichen Zweig in der Medizin. Gesaugt wurde in örtlicher Betäubung (Tumeszenz) und im „Dämmerschlaf" (Analgo). Es gab für diese Chirurgie noch kein Lehrbuch. Herr Sattler aus der Rosenpark-Klinik in Darmstadt war in Deutschland zweifellos der damalige Macher und er hat auch zu diesem Thema ein Buch publiziert. Im Osten gab es verschiedene „Aktivisten", zu denen wir zweifellos auch gehörten. Es war eine große Zeit des Umbruchs in den neunziger Jahren. Es wurden auch strategische Kämpfe zwischen den Fachdisziplinen ausgetragen: Wer darf überhaupt was operieren?!. Diese Frage wurde noch brisanter, als sich die Fachgesellschaften diesem Thema widmeten, was dann nach Gründung der Gesellschaft für Ästhetisch-Plastische Chirurgie und der Umbenennung der Gesellschaft für Plastische Chirurgie in Gesellschaft für Plastische und Ästhetische Chirurgie in einer neuen Facharztbezeichnung 2005 endete. In allen Medien wurde nun verkündet, nur noch dieser neue Facharzt sei überhaupt qualifiziert für ästhetische Operationen aller Art. Keinem anderen Facharzt mit chirurgischer Ausbildung wurde die Fähigkeit für solche operativen Behandlungen zugesprochen. Mir selber hat der Sekretär der Gesellschaft für plastische und Ästhetische Chirurgie einmal per Mail mitgeteilt, dass ich überhaupt keinerlei Qualifikationen für solche plastischen Eingriffe hätte. Es ging um Geld – und man wollte durch diese fachliche Einengung diesen Wirtschaftszweig in den Händen halten und niemanden daran teilhaben lassen. Erst viel später wurde dann anerkannt, dass auch Augenärzte Oberlider und Unterlider operieren können/dürfen; Gesichtschirurgen Nasen und Face machen können, Gynäkologen Brustvergrößerungen machen dürfen und auch Hautfachärzte (Dermatologen) chirurgisch tätig werden dürfen. Das war und ist heute noch die „Dermatochirurgie". Ja, auch das ist Medizingeschichte! Konkurrenzkampf zwischen Fachdisziplinen: Wer darf was?

Ich hatte an unendlich vielen Weiterbildungsveranstaltungen – s. o. – teilgenommen, habe selber unsere Erfahrungen mitgeteilt und konnte mich auf diese Weise sehr qualifizieren. Wissenschaftliche Untersuchungen gerade zum Thema von Fettabsaugungen habe ich dann später in der Einrichtung in Rostock professionell in eigener Initiative praktiziert. In den ersten Jahren haben wir noch rein manuell mit Spritzen abgesaugt, später kamen die Vibrationstechnik (2001/2002) und die Wasserstrahltechnik (nach 2004) als Routinetechnik hinzu. Die Wasserstrahltechnik war bedeutsam für die Gewinnung von mesenchymalen Stammzellen aus dem Fettgewebe. Hierzu sind unendlich viele Untersuchungen mit der Firma HumanMed in Schwerin gemacht worden. Ultraschallabsaugungen und Laserlipolyse habe ich nicht selber praktiziert, aber für die Laserlipolyse haben wir für eine Firma aus Berlin experimentelle Untersuchungen in Rostock gemacht.

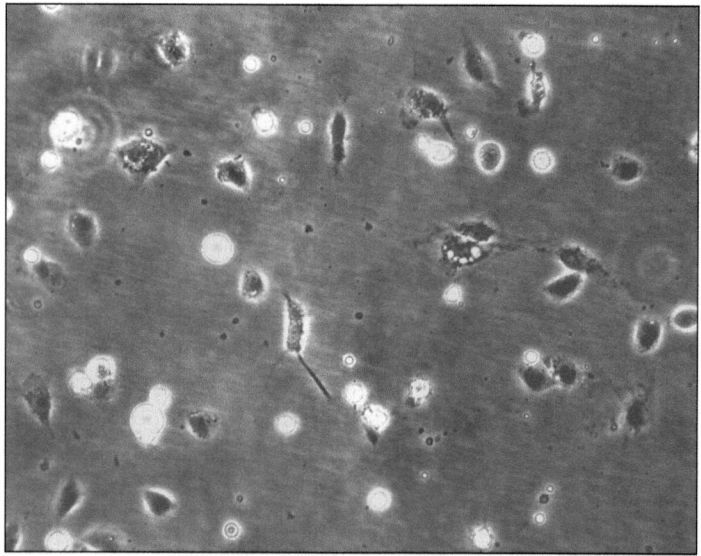

31.8.2010 – Stammzellen im Basisaspirat

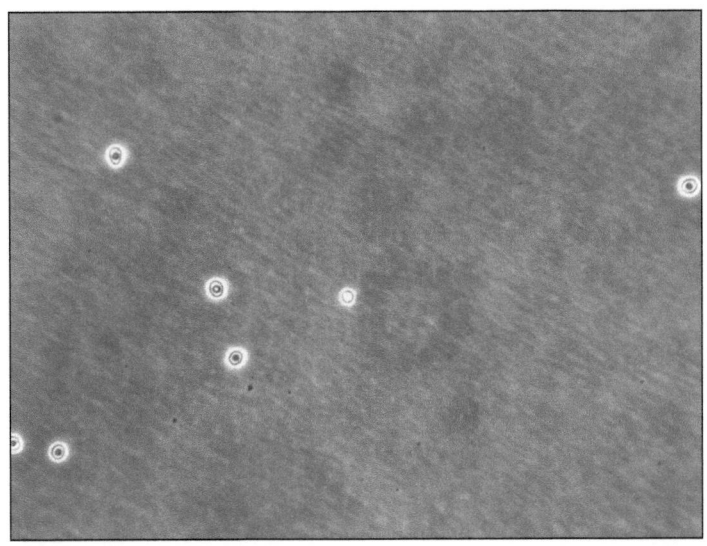

kein Stammzellennachweis in der Spüllösung
(Untersuchungen in Zusammenarbeit mit HumanMed Schwerin und dem Zell-Labor
der Uni Rostock – PD Dr. Peters)

Das Problem in den ersten Jahren der Fettabsaugung war der Umgang mit der „Kleinschen Lösung" für die örtliche Betäubung (Tumeszenzverfahren). Es gab noch keine fixen Vorgaben für die zu infiltrierende Menge und wir haben bis zu 13 Liter der Originallösung infiltriert – sowohl manuell als auch mit der Infusionspumpe (Rollerpumpe) und wir haben bis zu 9 Liter reine Fettzellen aspiriert. Heute sind solche Dosierungen völlig undenkbar, es gibt auch klare Behandlungsrichtlinien. Nicht ganz selten haben wir aus o. g. Grund ausgeprägte Lippenzyanosen beobachten müssen (Kohlenmonoxyd) – Methylenblau als Antidot durfte nie fehlen im OP-Saal.

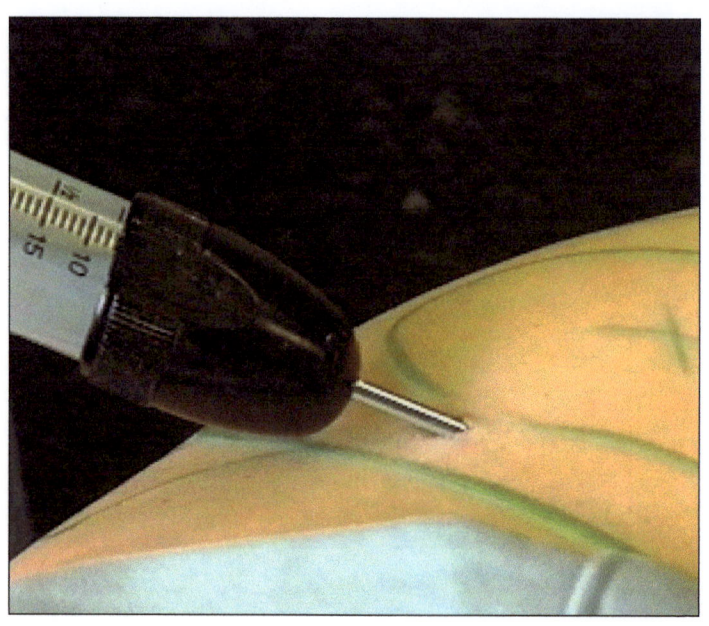

Manuelle Fettabsaugung; mehr als 6 Liter reines Fettzellenaspirat (ohne Tumeszenzlösung)

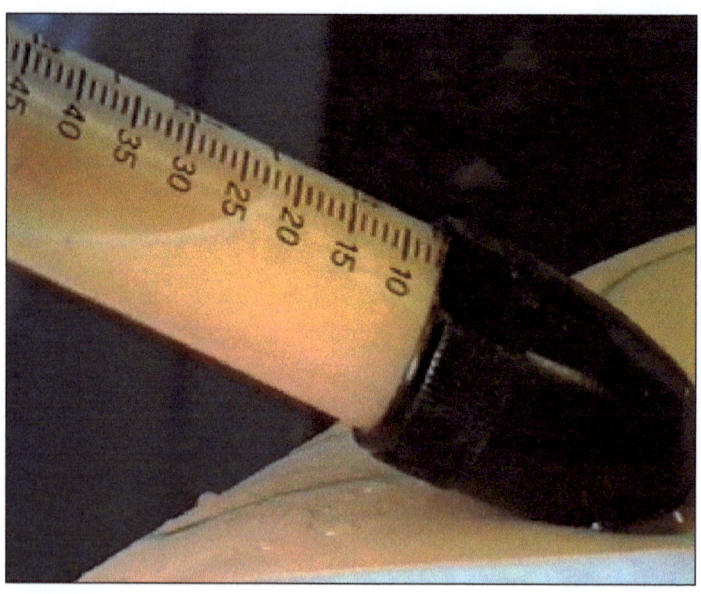

Wir waren inzwischen auch auf diesem Gebiet der Chirurgie zu einer bekannten Adresse geworden und unsere Erfahrungen habe ich auf vielen Tagungen und Workshops weitergegeben. In den neunziger Jahren (1996–2000) haben wir Thoraxoperationen und ästhetische Chirurgie noch parallel betrieben. Die großen Operationen in der Thoraxchirurgie haben wir im Krankenhaus Werdau, Greiz und später im Helios-Klinikum Aue gemacht. Dazu die gesamte Diagnostik in Steinpleis: Bronchologie, Mediastinoskopie, Laserbehandlungen endobronchial, Lungenbiopsien u.v.a.m. Wir hatten ein eigenes Funktionslabor, konnten komplett die Blutgase bestimmen, hatten eine zentrale Gasversorgung wie im Großkrankenhaus usw.

Die Dokumentation war komplett digital schon 1994/1995, Patientenfotos machten wir anfangs mit der Polaroidkamera und schon bald nur noch digital.

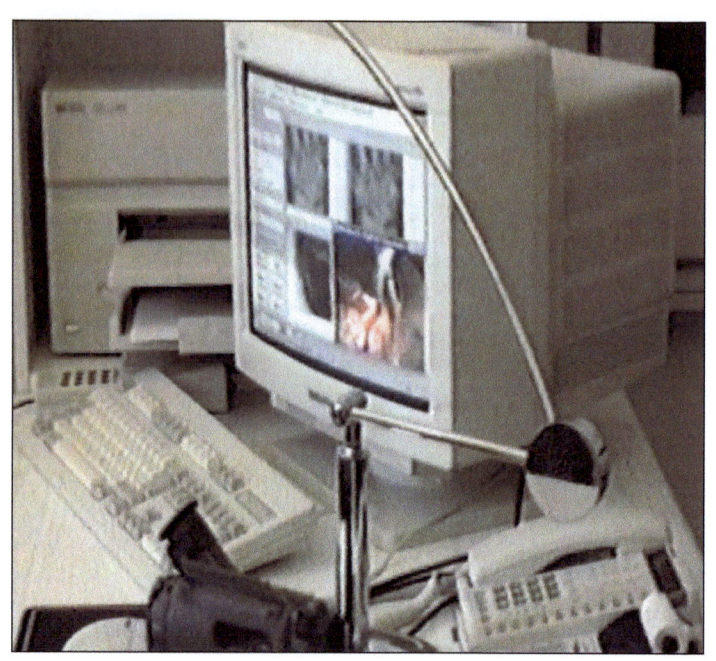

Digitale Patienten- und Fotodokumentation Juni 1994

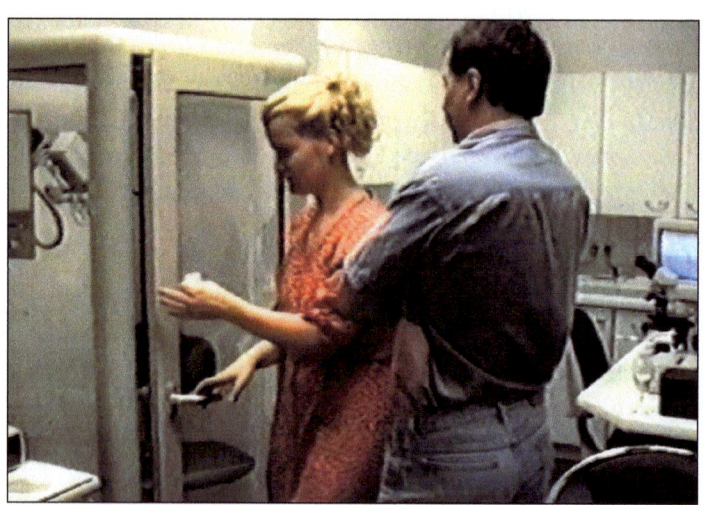

Bodyplethysmograph

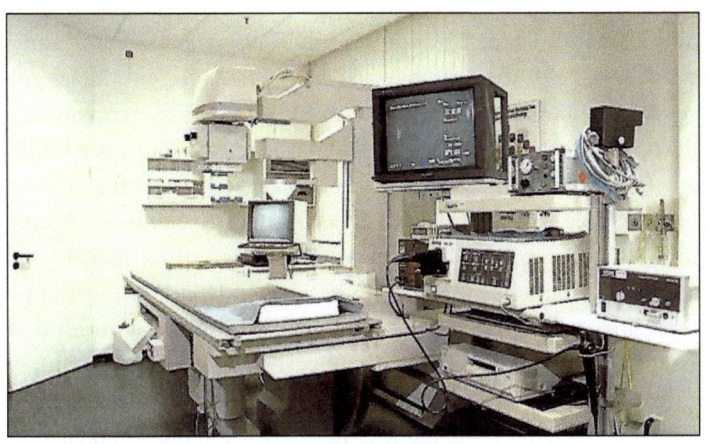

Röntgenanlage mit integriertem endoskopischem Arbeitsplatz

Diagnose digital über Ländergrenzen

Erste Bildübertragung auf medizinischer Ebene von Thüringen nach Sachsen

STEINPLEIS (SÖF). Seit gestern sind zwei medizinische Standorte länderübergreifend mit der digitalen Bildübertragung verbunden. Der Steinpleiser Facharzt Dr. Jürgen Weber kann ab sofort via Videokonferenz von seiner Praxis im "famila"-Pleißencenter aus mit seinen Kollegen im Krankenhaus Greiz kommunizieren. Es ist die erste Datendirektleitung auf medizinischer Ebene, die in Sachsen praktiziert wird.

Auf dieser Strecke können Krankenakten auf schnellsten Wege ausgetauscht werden. Röntgenbilder der einzelnen Patienten liegen ebenfalls auf den Computerbildschirmen beider Seiten vor. Diese Art von Kommunikation soll besonders bei der Vorbereitung von Operationen verwendet werden. Die behandelnden Ärzte können über Bildtelefon die einzelnen Schritte durchgehen und anstehende Probleme erörtern.

Jürgen Weber sieht vor allem im Zeitgewinn einen großen Vorteil. "Ich muß mich jetzt nicht mehr ins Auto setzen und die Röntgenbilder vorbeibringen. Selbst die Strategien der einzelnen Eingriffe können wir vorher über Bildschirm besprechen", so Weber. Er ist sich sicher, daß von diesem modernen Management letzten Endes die Patienten profitieren.

Eine derartige Kooperation hat ebenfalls für die stationäre Einrichtung Vorteile. Daraus macht der Geschäftsführer des Greizer Krankenhauses, Hans-Georg Hunger, keinen Hehl. "Auch wir profitieren zum einen von diesem Zeitvorsprung, und zum anderen verhindern wir somit die Mehrfachuntersuchung der Patienten. Diese werden nun nur noch ambulant geröntgt, und wir bekommen über Datenleitung das Bild geschickt", erläuterte Hans-Georg Hunger. Dieser Vorgang sei für sein Haus natürlich kostensparend.

Die Greizer Einrichtung wird in den kommenden Wochen die gleichen Verbindungen mit weiteren Fachärzten in der Umgebung und mit dem Krankenhaus in Weida aufbauen.

Der Steinpleiser Facharzt Dr. Jürgen Weber und Installateur Uwe Kämmerer blicken zum ersten Mal in das Bildtelefon. Es verbindet die Praxis mit dem Krankenhaus Greiz. Foto: Heinzl

Zeitungsbericht über die erste digitale Bildleitung in das Krankenhaus Greiz 1996

Wir hatten die ersten Bilder per ISDN übertragen. Die Kameras wurden vor die Leuchtwand mit den Röntgenbildern gestellt. Per Framegrabber (Karte im PC zum Einfrieren von Bildern) wurden die Bilddaten lokal gespeichert. Dann per ISDN zur Gegenstelle übertragen. Im eigens erstellten „Imager" mit Schnittstelle zu Profimed (PVS der Firma Pro Medisoft) konnten die Bilder mit den Pat. verknüpft werden. Im „Imager" bestand die Möglichkeit, Bilder zu bearbeiten (Markierungen, Filter) und/oder zu vergleichen. Die Bilder wurden strukturiert und eindeutig zu den Pat. abgelegt und gesichert. Per Fernwartungssoftware war auch die Übertragung der Bildschirminhalte der Gegenstelle nach Freigabe möglich. Die Geschwindigkeit und Bildqualität konnten allerdings nur eine erste Beurteilung zulassen. Befundung am PC war noch nicht möglich, es war also eine digitale Dokumentation.

Wichtige positive Effekte:
- Schnelle Erstbefundung
- Erste Wege zur digitalen Patientenakte
- Zeitersparnis (Wegfall von unnötigen Anfahrten zu medizinischen Partnern)

Ein Höhepunkt in der Digitalisierung war sicherlich die Schaffung einer Bildverbindung in andere Krankenhäuser. 1996 bestand eine solche digitale ISDN-Bildleitung in das Krankenhaus Greiz. Unsere chirurgischen Erfahrungen waren einzigartig in der kleinen und großen Chirurgie, in der Thoraxchirurgie und in der ästhetischen Chirurgie, die ich dann von der reinen Chirurgie des Fettes weitergeführt habe in alle Teilbereiche wie Mammachirurgie, Gesichtschirurgie usw. Ich hatte für alle Fachbereiche entsprechende Spezialisten als Partner gefunden. Die größte Fettschürze wog 16 kg, die größte abgesaugte Fettmenge in einer Sitzung betrug 9 Liter, die riskanteste Thorachirurgische OP habe ich in dieser Zeit 1996 im Krankenhaus Werdau machen können: Resektion der unteren Trachea mit der gesamten Bifurkation inkl. Teilen der beiden Hauptbronchien und Rekonstruktion einer neuen Bifurkation (siehe oben).

Ich konnte aber auch meine sehr umfangreichen klinischen Erfahrungen aus meiner Tätigkeit in Berlin und als Chef der Thoraxklinik Zschadrass auf dem Gebiet der Krebsbehandlungen regional in das Westsächsische Tumorzentrum einbringen.

1997 war es zu Aktivitäten in der Hansestadt Rostock gekommen, weil Dr. Thiessen – Chirurg in eigener Praxis – gerne Fettabsaugungen erlernen und selber machen wollte. Die erste Fettabsaugung haben wir in Rostock am 23. August 1997 in der Praxis in der Augustenstraße gemacht und der Patientin geht es heute noch gut und alles ist in bester Ordnung (Reiterhosen). Dr. Thiesen und Dr. Grosse sind dann umgezogen in die Schwaansche Straße 9 und wir haben dort Patienten beraten und operiert. Dr. Thiesen selber hat nie Fettabsaugungen gemacht, aber die Technik der Tumeszenzanästhesie in seine Venenchirurgie integriert.

Der organisatorische Aufwand für die Operationen in Rostock war sehr groß. Operiert wurde am Wochenende, wir mussten alle Materialien und Gerätschaften im Auto mitnehmen aus Sachsen, übernachtet haben wir im Hotel „Ramada", und einmal mussten wir auch wegen eines Problemfalles in Sachsen im Krankenhaus Werdau (Thoraxoperation) unmittelbar wieder zurück nach Sachsen fahren und dabei zweimal eine Schnee- und Eisfront passieren.

Irgendwann war aber die Kombination aus Kassenpatienten und wirklichen Privatpatienten (Selbstzahler) nicht mehr so richtig verträglich und wir mussten uns um eine neue eigene Arbeitsstätte in Rostock kümmern.

Das hat sich durch einen Zufall ergeben – im Stadthafen in Rostock wurde auf der Silohalbinsel ein Speicher rekonstruiert und wir fanden bei den Bauherren ein großes Interesse für unsere Aufgabenstellung zur Schaffung eines Behandlungszentrums für ästhetisch-plastische Operationen mit ambulanter und stationärer Behandlungsmöglichkeit. Knapp 450 Quadratmeter haben wir nach eigenen Angaben vom Architektenbüro in Rostock umgeplant für unsere medizinische Einrichtung, die später unter dem Namen Ästhetik-Klinik Dr. Weber und Ästhetik-Klinik Rostock in die lokale Geschichte einging. Wir haben das in der Praxis erprobte Sachsenkonzept ein zweites Mal umgesetzt – mit Erfolg. Herrn L. bin ich heute noch mehr als dankbar, dass er uns so unkompliziert in allen Fragen zur Seite stand und uns auch finanziell die Wege geebnet hat. Ich war ja durch die vielen vorausgegangenen Kredite selber nicht mehr kreditwürdig. Herr L. hat uns deshalb die notwendige Finanzierung über 300.000 DM über die Mietzahlungen gesichert. Das war unglaublich toll.

Die Einrichtung in Rostock haben wir im Oktober 2000 eröffnet, die notwendige Arbeitserlaubnis nach § 30 der Gewerbeordnung haben wir im Frühjahr 2001 vom Gesundheitsministerium in MV bekommen.

Die Silohalbinsel in Rostock im Stadthafen (private Luftaufnahme)

Silo 3 vom Stadthafen aus gesehen

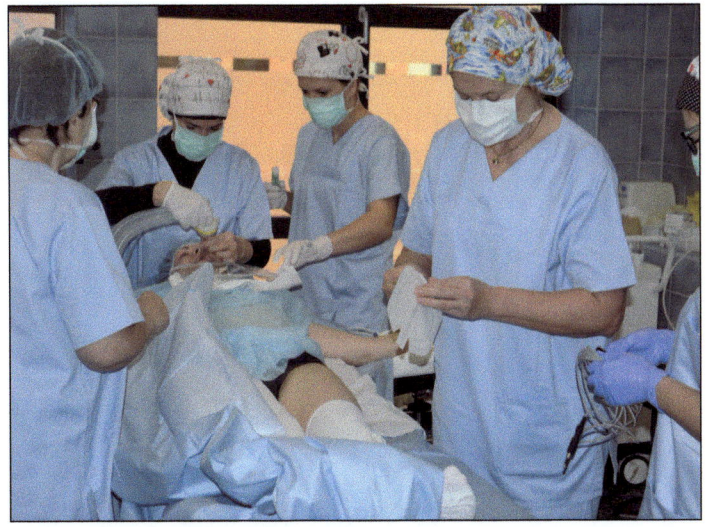

Betriebsamkeit im OP

Die Einrichtung in Rostock auf der Silohalbinsel im alten entkernten Speicher in der 4. Etage

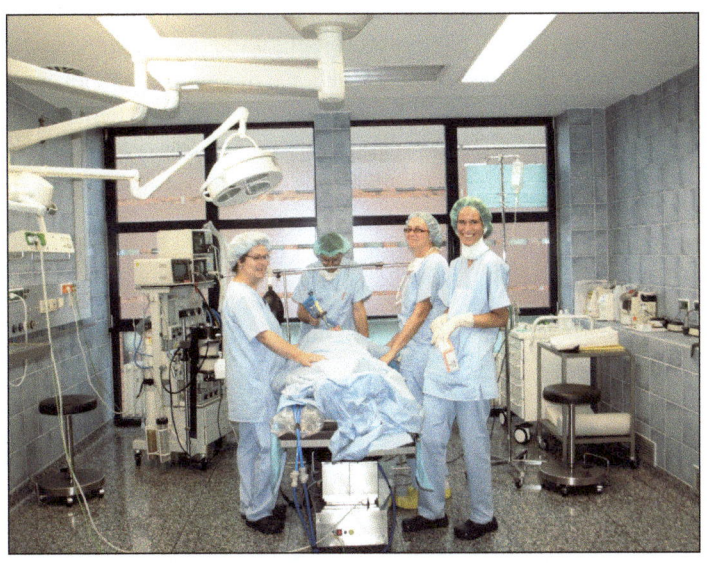

Meine fachlichen Erfahrungen aus der großen Chirurgie, aus der medizinischen Nachbetreuung stationär und ambulant, und vor allem aus meiner Tätigkeit in der Intensivmedizin (Thoraxklinik Zschadraß und Berlin-Buch) waren überhaupt die Voraussetzung dafür, dass ich diese große Verantwortung allein auf meinen Schultern tragen konnte.

Beinahe so intensiv wie in der Thoraxchirurgie konnte ich meine wissenschaftlichen Aktivitäten nun auch in der Einrichtung in Rostock frei entfalten. Zwanzig Ärztekollegen standen fachlich an meiner Seite für die verschiedensten Fachdisziplinen, schrittweise interessierten sich Studenten für unser fachliches Tun, die Kooperationen zu wissenschaftlichen Themen entwickelte sich großartig und die Qualität unserer Arbeit auf der Basis dieser umfassenden Untersuchungen wurde zum Fundament der medizinischen Tätigkeit. Immer stand der Patient im Mittelpunkt, niemals waren es die finanziellen Rückflüsse vom Patienten, sachlich richtige Beratungen und auch eher mal Nein sagen zu Patientenwünschen, das waren immer die Prämissen. Die qualifizierte Nachsorge über lange Zeiträume diente auch der eigenen Erfahrung, sie gehörte immer zu meiner differenzierten Betreuung und war Pflicht! Ich gehörte nicht zu jenen Behandlern, die ihre Patienten mühsam aus dem OP tragen ließen, um sie dann im Hotelzimmer sich selbst zu überlassen.

2005 haben wir die Einrichtung in Sachsen endgültig geschlossen und uns nur noch auf Rostock konzentriert und auf die Wissenschaft in der ästhetischen Medizin.

Die wissenschaftlichen Themen ergaben sich aus dem Alltag:

- Transdermaler Wirkstofftransport mittels gepulster Elektrofelder (in Kooperation mit iba-Heilbad Heiligenstadt – Prof-U. Pliquett
- 2007: Tagung in Rostock zum gleichen Thema mit 85 Teilnehmern
- Untersuchungen zur transdermalen Lipolyse mittels DOS 8 % (Desoxycholsäure); Kooperationspartner Prof. Nizze-Uni Rostock Pathologie, Fr. Dr. Meyer, Bioserv Rostock.
- Die antientzündliche Wirkung von Vulkangestein bei lokaler dermaler Anwendung; Kooperation mit der Firma Froximun AG, Herr Thomas Görner
- Der Einfluss von Vulkangestein – MANC – auf die Proliferationsraten von HDME-Zellen und auf die Wundheilung. Kooperation mit dem Zell-Labor der Uni Rostock, Fr. PD Dr. Peters
- Der Gehalt von mesenchymalen Stammzellen in aspiriertem Fettgewebe; Zell-Labor Uni Rostock, Fr. PD Dr. Peters
- Die Konzentration von humanen Wachstumsfaktoren im Blut und im humanen Gewebe; DOT Rostock, Fr. Dr. C. Prinz
- Zelluläre Gewebereaktionen nach Injektion von Hyaluronsäure und Eigenplasma; Pathologie Uni Rostock, Prof. Erbersdobler
- Zelluläre Gewebereaktionen nach Einbringen von PDO-Fäden und zeitlicher Nachweis des Verbleibens; Pathologie Uni Rostock, Prof. A. Erbersdobler und Praxis Dr. Rose in Lübeck.

- Psychologische Studie an über 1000 Patienten vor und nach ästhetischen Behandlungen/Operationen zur Frage der Veränderung des Selbstwertgefühls
- Ernährung und Histamingehalt; Froximun AG; Thomas Görner
- Untersuchung humaner Silikonbrustimplantate zur Ursachenforschung von Rupturen; Interdisziplinäre Arbeitsgruppe Herstellerfirmen, Ärzte, Wissenschaftler, Prüflabor Innoproof Rostock, PD Dr. Klüß
- Der Kollagengehalt der Haut nach medizinischer Heilbehandlung wie Needling usw.; DOT Rostock Fr. Dr. C. Prinz
- Experimentelle Untersuchungen zur Laserlipolyse in Kooperation mit der Firma Biolitec Berlin
- Experimentelle Untersuchungen zur Technik der Wasserstrahltechnik mit der Firma HumanMed Schwerin.
- Geräteprüfungen zur Frage einer Elektroporation (Acthyderm und Nanopor)
- Geräteprüfung zur Anwendung einer Radiofrequenztherapie (DOT Rostock)

Wir waren also in der Realität eine wissenschaftliche Einrichtung mit dem Schwerpunkt in der ästhetischen Medizin, wurden aber immer als sog. Schönheitsklinik oft auch ein wenig belächelt und ich selber fühlte mich keineswegs immer wohl, wenn es um die in den Medien propagierten Fehlbehandlungen von Kollegen ging – wie sollte ich mich mit meinen Qualifikationen wehren, fehlte mir doch der alles sagende Facharzttitel: Plastische und Ästhetische Chirurgie. Mir wurde ja nicht einmal die Ausbildung von Kollegen in der Technik der Fettabsaugung von der Ärztekammer genehmigt, obwohl ich inzwischen mindestens 2000 solcher Eingriffe jedweder Größenordnung geleistet hatte und ich auch Vorträge auf diesem Gebiet gehalten habe. Ich kann es bis heute nicht nachvollziehen, aber es ist die deutsche Bürokratie, die eben auch die freie ärztliche Tätigkeit einengt.

Nur die Politiker benötigen keinen Qualifikationsnachweis, da kann man sich in alle Fachbereiche politisch und wirtschaftlich hineinreden.

Auf dem Gebiet der ästhetischen Medizin/Chirurgie 2003–2016
Vorträge: 25
Publikationen: 1
Workshops: 5

Paradoxerweise wurde aber dem Kollegen Dr. Br. die Tätigkeit bei mir zur Facharztprüfung Plastische und Ästhetische Chirurgie in der Ärztekammer München anerkannt.

Bei aller Freude und Zufriedenheit über die in den Jahrzehnten immer im Team erfolgreich geleistete medizinische Tätigkeit gibt es leider auch sehr negative Erfahrungen zum Thema Qualität und Sicherheit von Medizinprodukten durch die Herstellerfirmen, aber auch durch die zuständigen Zulassungsbehörden im deutschen Ministerium für Gesundheit.

So ist es unerträglich zu wissen, dass Tausende Patienten nicht ausreichend über die tatsächlichen Gefahren von Brustimplantaten gemäß unserem heutigen Wissen informiert werden und dass dann auch noch intensivste Bemühungen für eine Langzeitstudie solcher Medizinprodukte einfach nicht den Weg für eine Finanzierung finden. Weit über zwanzig solcher Implantatrupturen in den Jahren 2018 bis 2019 habe ich dokumentiert und dem Ministerium gemeldet, aber leider fühlt sich niemand zuständig – ein Systemfehler in Deutschland nicht nur auf diesem Gebiet.

Die Arbeit in Rostock hat mein persönliches und mein berufliches Leben bereichert, mich aber privat in die Insolvenz getrieben, denn der schwierige Umgang mit der USt. in der Medizin war ein finanzielles Fiasko für mich, die Finanzbehörden haben festgelegt, welche Behandlungen medizinisch begründet sind, und auf welche Behandlungen/Operationen USt. zu zahlen sei. Meine ärztliche Diagnose war wertlos! Ich sollte Beweise für die medizinischen Indikationen vorlegen. Wo stand ich da mit meiner Schweigepflicht? Das Finanzgericht in Greifswald war sehr klar in der schriftlichen Formulierung: Wenn Sie das nicht beweisen können, gilt die USt.! Mit wenigen Jahren Unterbrechung wurde ich dann einer weiteren USt.-Sonderprüfung (2013) unterzogen vom FA in Rostock. Diesmal konnte ich mich unter Mithilfe von Fachkollegen, Psychologen und Wirtschaftsberatern erfolgreich verteidigen. Welch eine Demütigung für einen Arzt. Wir haben danach dann nie mehr eine Unterscheidung zwischen medizinischer und rein kosmetischer Indikation getroffen.

Ich bedaure sehr, dass es in Rostock nicht zu einer Kommunikation mit der UniMedizin gekommen ist, aber **ich war eben hier nur ein Schönheitschirurg.** Den Studenten hingegen hat ihre Famulatur immer sehr gefallen und sie konnten sehr viele wissenschaftliche Informationen mit auf ihren Weg nehmen, die ihnen sonst versagt geblieben wären.

Ein Nachfolger für die private Gesundheitsreinrichtung hat sich aus vielerlei Gründen nicht gefunden, die 2018 geänderten Besitzverhältnisse des Objektes haben dazu entscheidend beigetragen. Der avisierte Kollege konnte sich den neuen Vertragsformulierungen nachvollziehbar nicht unterwerfen.

Zum 31.12.2019 habe ich die Einrichtung geschlossen, aber allen meinen operierten und nicht operierten Patienten die Nachsorge gewährleistet, indem ich in Warnemünde eine kleine private Praxis für Ästhetische Medizin aufgemacht habe. Ich wollte meine Patienten nichts ins Leere stürzen lassen, die mir so viele Jahre die Treue gehalten hatten. Ich berate und untersuche sie bis heute kostenfrei.

Ausklang

Ziehe ich nun nach über 50-jähriger eigenverantwortlicher medizinischer und vor allem auch operativer Tätigkeit eine sehr persönliche Bilanz, komme ich zu dem Ergebnis, dass das System B zweifellos überlegen ist, Patienten eine hochqualifizierte technische Behandlung und Betreuung zu garantieren. Dies wird vor allem durch die dramatische Entwicklung der Medizintechnik und der allgemeinen Digitalisierung bedingt. Diese Entwicklung wird die Medizin auch weiterhin revolutionieren. Allerdings verliert die Patientenpersönlichkeit auf diesem Weg immer mehr an Bedeutung. Es bedarf inzwischen Patientenschutzorganisationen Patientenrechte zu gewährleisten. Nicht mehr das ureigenste Vertrauensverhältnis wird zum Gradmesser, sondern die anwaltschaftliche Interpretation medizinischen Handelns. Eine medizinisch notwendige Injektion eines Heilmittels ist eine Körperverletzung und bedarf einer separaten juristischen Absicherung für die Durchführung.

Eine weitere derartige Entwicklung zu verhindern, muss neben vielen Änderungen im bürokratischen Aufbau und der Verwaltung des Gesundheitswesens und den unsagbaren Personalproblemen Aufgabe der künftig notwendigen dringenden Eingriffe in das System sein.

Ein seit 1991 im Bereich medizinischer Informatik tätiger Freund (U. K.) schreibt mir: „Es bleibt zu wenig Zeit für den Patienten. Mit einer durchschnittlichen Behandlungsdauer von neun Minuten kann man keine ausreichende medizinische Versorgung erreichen. Gerade für neue Patienten in der Praxis ist eine tiefgreifende Anamnese erforderlich. Kann der Arzt das überhaupt noch schaffen? Dazu kommt der schwindende Anteil an Niederlassungen und altersbedingte Aufgabe von Kassen/Privatpraxen ohne Nachfolger. Patienten bekommen seit Jahren auch in dringenden Fällen keine Termine. Es bleibt am Ende nur die Notaufnahme im nächsten Klinikum, deren Mitarbeiter selbst am Limit arbeiten."

Ob nicht doch der Staat mehr in diese zutiefst menschlichen Wechselbeziehungen eingreifen sollte, bleibt der weiteren Entwicklung vorbehalten. Alles wird sich weiterentwickeln, nichts bleibt so, wie es heute ist – auch unsere Gesellschaft unterliegt einem solchen Prozess. Wir erleben es gerade hautnah im dringenden Wunsch, vor allem der Jugend, nach einem Generationenwechsel in der Politik. Und hoffentlich auch wieder hin zu **mehr Verantwortung jedes Einzelnen gegenüber der Gesellschaft und für sich selbst.**

Ich bin damit in der persönlichen Auseinandersetzung mit den Ereignissen meines Lebens weitestgehend am Ende. Mir ist im Moment unklar, wen das einmal interessieren könnte. Aber ich habe niedergeschrieben, wie mein Leben in zwei Gesellschaftssystemen in Wahrheit war. Es lässt sich nicht wiederholen, denn das Leben spielt sich heute ab, das Morgen ist ungewiss und das Gestern ist tatsächlich richtige Vergangenheit und berührt nur noch den, der es erlebt hat. Sehr viel Privates habe ich nicht aufgelistet, weil es mir um das Berufsleben in zwei Gesellschaftssystemen ging. Ich kann aber auch nicht leugnen, dass Privates in ein solches Leben integriert ist, mit unterschiedlichsten Realitäten. Ich hatte schon geschrieben, dass ich vordergründig immer den Beruf gesehen habe, er war meine große Erfüllung. Nach über zwanzig Jahren gemeinschaftlichen Überlebenskampfes habe ich 2015 meine dritte Frau geheiratet. Es ist die private Erfüllung von Glück und Zufriedenheit, ohne diese Partnerschaft hätte ich meinen Lebensweg nicht so erfolgreich beenden können.

Dr. Weber mit Ehefrau 2015

Die eigenen Kinder sehen die Welt wahrscheinlich etwas anders, denn sie haben von ihrem Vater nur die Erbmasse, nicht aber in den entscheidenden jungen Jahren viel Persönliches erfahren dürfen. Vor allem mein Sohn Dirk wird wahrscheinlich eine andere Meinung haben, er hat viele Jahre im Ausland und vor allem in Hongkong gelebt und gearbeitet und hat die halbe kapitalistische Welt dienstlich bereist. Ich konnte auch leider mit den Kindern bisher nicht über ein solches Thema des Familienlebens unter den Bedingungen eines ständigen Überlebenskampfes sprechen. Ein praktisches und sehr persönliches Erlebnis zum Thema: Das Sein prägt das Bewusstsein!! Das vollzieht sich auch mit ganzen Generationen in gleicher Weise.

Ob sich später die Enkelkinder und Urenkelkinder für solche historischen Geschehnisse interessieren, bleibt auch offen. Ich sehe im Moment nur meinen Enkel Jonathan, der sich diesbezüglich interessieren dürfte. Vielleicht auch mein Enkelkind Jessica, die selber in der Medizin als Ärztin tätig wird und gerade ihr Staatsexamen an der Uni Leipzig beendet – 2021. Vielleicht wird sie ja später einmal ihr eigenes Berufsleben ins Verhältnis zu meinen Niederschriften setzen. Hohe Erwartungen und Hoffnungen habe ich an meinen Enkel Benjamin, er ist aber erst neun Jahre alt und startet gerade erst richtig in das für ihn neue Leben in Deutschland (München/Bayern) nach sieben Jahren Honkong und zwei Jahren Amsterdam.

Es hängt immer von den ganz persönlichen Erlebnissen in der jeweiligen Gesellschaftsordnung ab, inwieweit Dinge aus vergangenen Zeiten sinnvoll sind, analysiert zu werden. Und selbstverständlich hat das Elternhaus große Bedeutung für die persönliche Entwicklung.

Wenn ich meine bewusste Lebenszeit ab dem achten Lebensjahr ansetze, so sind es mehr als 72 Jahre, die ich an mir vorüberziehen sehe. Großartig, kann man da nur sagen! *Es war jede Zeitepoche ein Geschenk des Erlebens!* Und die letzten dreißig Jahre sind zweifellos die inhaltsreichsten sowohl privat als auch beruflich. Man spürt das erst, wenn man sich wie ich nach Jahrzehnten mit der Vergangenheit auseinandersetzt. Das System A hätte mir diesen Reichtum an Leben nicht bieten können. Das Leben war auch interessant, aber ziemlich grau und ohne Impulse aus der Gesellschaft für Neues. Die wenigen diesbezüglichen Erlebnisse musste man selber organisieren und gestalten. Im System B wurde man ganz anders gefordert und man musste sich immer wieder neu auf den Weg machen, um das Ziel zu erreichen, und da gab es auch stets Hindernisse, die man selber erkennen und umschiffen musste! Das hat mich geformt und ich habe gelernt, dass man nie aufgeben darf! Für alles im Leben gibt es eine Lösung, manchmal kann man sie nicht gleich erkennen. Ich habe drei Tage für einen solchen Umsetzungsprozess benötigt. Man darf in „heißen" Situationen nicht gleich völlig kontrovers reagieren. In aller Ruhe die Fakten abwägen und dann erst handeln. Und es geht immer nur nach vorne, wenn es auch mitunter nicht gleich danach aussieht.

Inzwischen bin ich seit zwei Jahren im Ruhestand. Dass ich dennoch weiter mit meinen Patienten aktiven Kontakt habe, macht mich sehr glücklich und zufrieden. Es ist aber nicht so, dass man das Alter selber nicht merkt. Es zieht unaufhörlich seine schrecklichen Bahnen und erinnert immer öfter an die Sterblichkeit unseres Daseins!

Die verbliebene Aufgabe in der Praxis mit kleinen Schönheitskorrekturen im unaufhaltsamen Alterungsprozess und die damit verbundene Kommunikation ist ein Lebenselixier, das Freude bereitet und Kraft gibt, das Altern einfach zu vergessen. Und dann ist es die Freude am Leben, dass man in einer **goldenen Zweisamkeit** ungeachtet der Einschränkungen durch die Corona-Pandemie 2020 bis 2021 das Leben genießen kann. Man darf sich nicht zurückziehen! Das macht einsam. Soziale Kontakte sind zwingend notwendig, nur hierdurch setzt man sich auch noch mit Themen außerhalb des eigenen Lebensbereiches auseinander. Das muss man selber gestalten! Und ich kann nur den Rat geben: An die Jugend halten, viel weniger an die Alten! Das ist eine Erfahrung, die ich von meiner Mutter mit ihren damals über neunzig Jahren mit auf den Weg bekommen habe: „Die Alten" stecken an. Wie wahr, wie wahr! Ich bin der Sohn meiner Mutter!

Wie ich die Wende nach dreißig Jahren beurteile? Sie war dringend notwendig, aber sie verlief nicht nachhaltig in der Überwindung ideologischer Vorbehalte. Obwohl ich mich als „Opfer" bezeichne, habe ich dennoch sehr viel gewonnen! Die Wende hat zu viel zerstört an Wissen, Erfahrung und auch materiell, wenn man nur mal an die vielen Investitionen in die Kliniken Zschadraß denkt. Heute findet man dort nur noch „Ruinen" eines einst aufgeblühten Klinikkomplexes. Von dem „Zauberberg" geht keine Faszination mehr aus (Der Hainberg bei Colditz wurde auch als Zauberberg bezeichnet.).

Ich selber fühle mich durch die Abwicklung nach der Wende zutiefst betrogen und in meiner ideologischen Haltung und Verantwortung im ärztlichen Dienst gegenüber den Patienten in einen Topf geschmissen, in den ich absolut nicht hineingehörte. Mit der Auflösung der Thoraxklinik Zschadraß sind unvorstellbar viele und oft einmalige wissenschaftliche Daten verloren, dazu die gesamte Fotodokumentation. Das sind Daten, die einfach dauerhaft nicht wieder gewonnen werden können. Das war Medizingeschichte in Fakten der letzten zwanzig Jahren der DDR. Aber wen interessierte das schon – der Westen war doch ohnehin schlauer als wir im Osten.

Ich habe den Glauben an Recht und Gerechtigkeit begraben und finde vor allem auch in der aktuellen politischen Situation keine zukunftsweisende Orientierung. Es gibt derzeit in Deutschland keinen Politiker, dem man das Vertrauen aussprechen könnte. Frau Merkel war und ist immer noch für mich inakzeptabel – das Ausland war ihr lieb, das eigene Land war nur dazu da, dass sie Millionen Steuergelder verschenken konnte. Allerdings muss ich eingestehen: Sie zeichnet sich durch eine in der Politik ihresgleichen suchende hohe Moral aus: Sie ist nicht korrupt und würde es auch niemals sein!

Der chaotische Umgang mit der Corona-Pandemie 2020 bis 2021 belegt dennoch die Unfähigkeit unserer Regierung, zielführende und vor allem klare Entscheidungen zu treffen – das Chaos geht inzwischen über ein Jahr und wird schlimmer – die Struktur des Föderalismus in Deutschland wird immer stärker herausgebildet. Wir haben keine personelle Elite, die mit eigener Moral und Leistung Anspruch auf eine Landesführung erheben könnte. Wir haben nur den Machtkampf von Parteien, die im Konjunktiv versuchen, eine Zukunft glaubhaft abzubilden. Die Bürokratie in unserem Land sollte schon lange bekämpft werden, sie ist aber nur noch größer und immer unerträglicher geworden. Die Partei der Grünen mit Frau Baerbock an der Spitze und nun auch noch als Kanzlerkandidatin skizziert die Radikalität einer möglichen neuen Regierung im Jahr 2021. Frau Baerbock kann keine Diplomatie – sie ist nur machtbesessen und macht mit ihren Zielstellungen, z. B. auf Autobahnen nur noch 130 km/h zu fahren, deutlich, dass sie die vielen Lebensprobleme der Menschen nicht in der Lage ist zu erkennen, um sie einer besseren Situation zuzuführen. Warum kümmert sich eigentlich niemand um den vielen Weltraumschrott? Sind nicht die vielen Starts von Satellitenraketen genauso umweltschädlich wie unsere

Flugzeuge? Wird im Weltall nachhaltig geplant? Und wie ist das eigentlich mit den vielen Sorgen der Bürger im Alltag, wenn es um das eigene Leben und den sozialen Zusammenhalt geht? Ist das, was wir da heute erleben, das Merkmal einer sozialen Marktwirtschaft? Haben wir diese nicht schon lange verlassen? Wäre es sonst möglich, dass Mietshausbesitzer die Mietpreise ständig erhöhen und Menschen damit in das Straßenleben abschieben? Ist das noch sozial? Sind die Politiker wirklich schon so machtlos, dem keinen Riegel vorschieben zu können? Der Mietwucher und der Immobilienmarkt leisten ihren Beitrag zur sozialen Spaltung.

Schaut man zurück, so sind immer die „Großen" belohnt worden. Autoverkäufe werden subventioniert, der kleine Rentner muss hingegen sehen, wie er nach 45 Jahren Arbeitsleben seinen Alltag finanziell bewältigt. Die FDP möchte in der uns bevorstehenden „Transformation" der Wirtschaft viel Privatinvestitionen und weniger Staat. Wie verheerend aus meiner Betrachtung, denn so werden die Reichen schon wieder noch reicher mit allen Folgen! Das Gesundheitswesen entwickelt sich systematisch zu einer mindestens Zweiklassenmedizin, **Krankenhäuser müssen schon wieder um ihre Existenz kämpfen. Wie vor dreißig Jahren.** Die vielen nun privaten Gesundheitseinrichtungen – auch Konzerne – sollten sich in der Betreuung von Kranken nicht bereichern können.

Ja, unsere Gesellschaft driftet auseinander, die Freiheit ist beinahe grenzenlos, aber sie verliert ihren inneren Halt der Gemeinsamkeit; so viele Gedankenströme es gibt, so viele Meinungen werden diskutiert, so viele Interessengruppen und Parteien bilden sich auch. Und dieses Sein prägt zunehmend unsere Gesellschaft.

Ich zitiere abschließend den nebenstehenden Artikel im Deutschen Ärzteblatt vom 2. Mai 1991, in dem Prof. Dr. Michael Arnold (ehem. Inhaber der Stiftungsprofessur Gesundheitssystemforschung in Tübingen und Vorsitzender des Sachverständigenrates für die konzertierte Aktion im Gesundheitswesen), der in einem Vortrag an der Harvard School of Public Health und in anderen Vorträgen auf genau die von mir dargelegten besonderen Umstände verweist, sich in einem Gesellschaftssystem der

Verantwortung zu stellen, die man übernommen hat. Zitat aus dem Artikel im Ärzteblatt 1991:

„Offensichtlich fehlt den meisten, die so unbekümmert über eine Verstrickung in die Organisation des DDR-Staates, aber auch über eine geistige Verbundenheit mit dessen tragender Ideologie richten, die Fantasie: Zu einer Vorstellung, wie sie selbst sich unter diesen Umständen verhalten hätten und in welche Situation sie dort gekommen wären."

Arnolds Interpretation der Probleme des ideologischen Umbruchs und des dafür gebotenen Wertegefühls ist inzwischen dreißig Jahre her und noch so aktuell wie heute. Unsere Politiker haben nichts gelernt, gerade wurden wieder die „Rote-Socken"-Kampagnen im Wahlkampf neu belebt.

Notwendige Umkehr oder selbstquälerische Bewältigung

„Die eigentlichen Schwierigkeiten bei der Angleichung der beiden Gesundheitssysteme Deutschlands dürften weniger im Finanziellen und materiellen liegen als vielmehr im psychologischen, im Mentalen und konzeptionellen." So lautete Ende 1990 eine Prognose von Prof. Dr. Michael Arnold in einem Vortrag an der Harvard School of Public Health. Arnold ist Inhaber der Stiftungsprofessur Gesundheitssystemforschung Tübingen sowie Vorsitzender des Sachverständigenrates für die Konzertierte Aktion im Gesundheitswesen.

Sein Augenmerk gilt seit dieser Zeit immer wieder auch dem Stand der Vergangenheitsbewältigung und der inneren Erneuerung des ehemaligen DDR-Gesundheitswesens. In zwei Berliner Vorträgen, einem zur Vergangenheitsbewältigung in Ostdeutschland und einem zweiten über die Zukunft der Charité, führte er unter anderem aus, daß es nach einer Auffassung in den beiden so lange getrennten Teilen Deutschlands seit dem Fall der Mauer in zunehmendem Maße eine schwer erträgliche Selbstgerechtigkeit gibt. Schon auf einen bloßen Verdacht hin oder nur nach formalen Kriterien, ohne Berücksichtigung persönlicher Umstände und der weiterreichenden Auswirkungen auf die persönlichen Lebensumstände würden Urteile gefällt oder ohne Zögern verurteilt. „Dies auch von vielen, die eigentlich aus der Zeit unmittelbar nach dem II. Weltkrieg noch wissen müßten, wie problematisch es ist, das Verhalten einzelner unter einer Dikta-

Diskussionen um die Erneuerung

tur eindeutig in die Kategorien „schuldig" und „schuldlos" einzuordnen. Offensichtlich fehlt den meisten, die so unbekümmert über eine Verstrickung in die Organisation des DDR-Staates, aber auch über eine geistige Verbundenheit mit dessen tragender Ideologie richten, die Phantasie: Zu einer Vorstellung, wie sie selbst sich unter diesen Umständen verhalten hätten und in welche Situation sie dort gekommen wären", kommentierte Arnold.

Uns werde, so Arnold weiter, nicht eine bestimmte politische Überzeugung oder eine klar umrissene Weltanschauung in die Wiege gelegt, sondern die Anlage eines Charakters, der dann dafür entscheidend ist, inwieweit wir uns politisch engagieren, sonstwie engagieren, in eine Führungsrolle drängen oder gestalten im Leben wirken wollen. An welcher Stelle wir aber eingreifen, in welche Richtung und wie agieren, das hänge von den Inhalten ab, von den Vorstellungen, die wir von der Wirklichkeit hätten und die wir im Zuge der Sozialisation in der jeweiligen Zeit und in unserer mittelbaren Umwelt erwerben würden.

„Im Wissen um diese Sozialisationsabhängigkeit unserer inneren Grundüberzeugungen mußte sich nach der Wende in der DDR die Frage stellen, welche Freiheit denn eigentlich für die in diesem System Großgewordenen bestanden hat, anders zu sein und zu werden, als es sich aus den sozialen, rechtlichen, ideologischen und mentalen Bedingungen dieses Staates ergab. Welche Chance hatte beispielsweise ein 1945 Geborener, der in einem Elternhaus groß wurde, in dem keine kirchliche Tradition oder

Ärzteblatt 2. Mai 1991

Nachtrag

Am Abend meiner fristlosen Entlassung habe ich unter anderem an meine Kollegen geschrieben:

*„… im Kampf für unsere Klinik zur Beseitigung der mehrfach dokumentierten Mißstände habe ich viel gewagt. Es war ein Spiel um Sein oder Nichtsein. Dabei wurde ich auch politisch unter Druck gesetzt. Ich sehe keinen Grund für eine Rechtfertigung, denn ich habe nichts Unrechtes getan … **Und prüfen Sie im Leben bevor Sie verurteilen.***

Nach beinahe 30 Jahren habe ich dem nichts hinzuzufügen.

Was ich mir für die kommenden Generationen wünsche?

1. Mehr wirkliche soziale Gerechtigkeit und mehr Ehrlichkeit untereinander.
2. Ich wünsche der Gesellschaft ein Gesundheitswesen, in dem die Mitarbeiter mehr Achtung und Wertschätzung erfahren. Es kann nicht sein, dass „Ballspieler" für Millionen gehandelt werden, aber Dienstleister unmittelbar am Menschen am Ende ihrer Lebensarbeitszeit von ihrer Rente nicht angemessen leben können.
3. Und ich würde es für notwendig erachten, dass am Leid von Menschen nicht so viel Geld verdient werden kann.

Im September 2021 MR Dr.sc.med. J.Weber
(Dr.sc.med. war der Habilitationsgrad in der DDR, in der Bundesrepublik nannte sich das Dr.med.habil.)

Foto: ferrantraite/iStock, zanbalde.com

Thema Kommerzialisierung

Entmenschlichung der Medizin

Der Druck auf Ärzte und andere Gesundheitsberufe durch die Kommerzialisierung des
Gesundheitswesens hat in den vergangenen Jahren weiter zugenommen.
Die Mitarbeitenden leiden darunter ebenso wie die Qualität der Patientenversorgung.

Ende 2018 wies die Bundesärztekammer (BÄK) auf ihrer Tagung „Patientenversorgung unter Druck" auf den Unterschied zwischen Ökonomisierung und Kommerzialisierung hin. Ärztinnen und Ärzte seien der Ökonomie verpflichtet, hieß es dort. Ein sparsames, wirtschaftliches Verhalten sei ein Grundprinzip, das auch den Ärzten abverlangt werden könne. Denn nichts sei unsolidarischer, als mit dem Geld der Versicherten verschwenderisch umzugehen. Unter Druck gerate das System hingegen durch die zunehmende Kommerzialisierung, bei der die Medizin der Generierung von Erlösen untergeordnet wird.

Diese Ansicht teilt auch Dr. med. Florian Gerheuser, der als Oberarzt an der Klinik für Anästhesiologie und Operative Intensivmedizin des Universitätsklinikums Augsburg arbeitet. „Die Ökonomisierung ist im Gesundheitssystem geboten", sagt er dem *Deutschen Ärzteblatt (DÄ)*. „Wir haben es aber mit einer Kommerzialisierung zu tun, bei der der Patient zum Objekt einer Gesundheitswirtschaft wird." Das Grundproblem dabei sei, das nur zähle, was gezählt werden könne. Deshalb sei alles bedroht, was nicht zählbar ist, zum Beispiel das Gespräch mit dem Patienten oder das konservativ-abwartende Begleiten. „Nur die Prozedur sichert das wirtschaftliche

Überleben des Krankenhauses beziehungsweise der Arztpraxis und somit auch den Arbeitsplatz der Ärztinnen und Ärzte", sagt Gerheuser. Dieser Umstand werde offen kommuniziert und innerhalb des Systems auch als logisch angesehen. „Er ist aber das Gegenteil der sogenannten Value-based Healthcare, bei der der größtmögliche Nutzen mit dem geringsten Mitteleinsatz erzielt wird", so Gerheuser. Dieses System sei sinnvoll, weil es sowohl ökonomisch gesehen den geringsten Mitteleinsatz erfordere als auch in medizinischer Hinsicht die wenigsten Nebenwirkungen nach sich ziehe. „Die Kommerzialisierung führt hingegen dazu, dass

Alle Fotografien und Dokumente sind aus 28 privaten Fotoalben und vielen eigenen Video-Dokumentationen entnommen. Alle Fotos und Dokumentationen sind auf einer CD im „Original" einzusehen.

Andere Zitate und Literaturangaben sind entsprechend ausgewiesen.

Nachtrag zur aktuellen Gesundheitspolitik

Die Medizin hat sich in den letzten Jahren hoch spezialisiert und technologisch perfektioniert.

Aber in der ideologisch-moralischen Ausrichtung hat sie sich rückwärts entwickelt.

Auszug aus dem Ärzteblatt Mecklenburg-Vorpommern 12/2021

125. Deutscher Ärztetag; Berlin 2021

„Der Präsident des Deutschen Ärztetages Dr. Klaus Reinhardt hat in seiner Eröffnungsrede am 01. November 2021 darauf hingewiesen, dass der ärztliche Beruf kein Gewerbe ist; er ist seiner Natur nach ein Freier Beruf. Daher lehnt die Ärzteschaft alle Leistungs-, Finanz-, Ressourcen- und Verhaltensvorgaben ab, welche ärztlich verantwortungsvolles Handeln tangieren und wendet sich gegen renditeorientierte Fremdinvestoren."

Es ist dringend Zeit für Veränderungen im Gesundheitswesen!

Der Autor

Jürgen Weber wurde 1940 in Berlin-Charlottenburg
geboren. Nach dem Abitur folgte das Medizinstudium,
daran anschließend die Ausbildung zum Chirurgen.
Privat verbringt der Autor seine Zeit gerne mit
Fotografieren und Natur. Bisher verfasste er
ausschließlich Fachpublikationen, dies ist sein
erstes Buch. Die Vergangenheit seines Vaters
als Oberstudienrat an der NAPOLA bildet den
Hintergrund für Webers Biografie. Heute lebt Jürgen
Weber in Warnemünde, ist verheiratet und Vater von
drei Kindern.